Martin Kaule
Arno Specht

Geisterstätten Brandenburg

Vergessene Orte

Mit Fotos von Martin Kaule, Adrian Specht und Arno Specht

Jaron Verlag

Die Autoren
Martin Kaule: MK
Arno Specht: AS

Die Fotografen
Martin Kaule: 13, 14, 15, 16/17, 18, 19, 20, 21, 22/23, 24, 25, 26, 27, 32, 39, 40, 41, 42/43, 44, 51, 52, 53, 54/55, 56 (2), 57 (2), 58 (2), 60/61, 65, 71, 72, 73, 74/75, 76 (2), 77 (2), 78, 79, 80, 81, 82/83, 84, 91, 92/93, 94, 95 (2), 96
Adrian Specht: 31, 32, 46/47, 48, 50, 66/67, 70
Arno Specht: 7, 8/9, 10, 11, 12, 28/29, 30, 33, 34, 35, 36/37, 38, 45, 49, 59, 62, 63, 64, 68, 69

Originalausgabe
1. Auflage 2020

www.jaron-verlag.de
Umschlaggestaltung: Bauer+Möhring, Berlin, unter Verwendung von Fotos von Martin Kaule (hinten: Großkraftwerk Vogelsang, Honecker-Bunker), Adrian Specht (vorn: Heilstätte Grabowsee, hinten: Landesirrenstalt Teupitz) und Arno Specht (hinten: Gut Gentzrode)
Satz und Layout: Prill Partners | producing, Barcelona
Lithografie: Bild1Druck GmbH, Berlin
Druck und Bindung: Finidr s.r.o., Český Těšín

Printed in the Czech Republic

ISBN 978-3-89773-878-2

Inhalt

Vorwort

Der Kontrast könnte nicht größer sein. Hier die pulsierende Hauptstadt mit ihrem internationalen Flair, einer lebendigen Kulturszene und einem weltweit beachteten Nachtleben. Rundherum ein Land, in dem die Namen der Dörfer auf -ow oder -itz enden und das aus Sicht der Berliner tiefste Provinz ist, in der eher nichts passiert. Es sei denn – um Rainald Grebes wunderbares Lied zu zitieren – »in Brandenburg, in Brandenburg ist wieder jemand gegen einen Baum gegurkt«.

Doch die Berliner entdecken mehr und mehr das Land um sich herum. Irgendwann kennt man jeden Kiez und den geheimsten aller Geheimtipps und stellt ernüchtert fest, dass die Restaurants und Clubs sich doch alle irgendwie ähnlich sind. Was liegt also näher, als früh aufzustehen, um im Umland auf Entdeckungstour zu gehen? Schließlich liegt Brandenburg erfreulich nahe. Und mit dessen Sehenswürdigkeiten füllte schon Theodor Fontane eine ganze Buchserie.

Was aber soll man ansteuern? Da gibt es schön gelegene Seen im Überfluss, pittoreske Städtchen und jede Menge Schlösser und Herrensitze. Man kann auch auf den Spuren Fontanes lustwandeln und die nächsten zehn Jahre alle Plätze aufsuchen, die in den »Wanderungen durch die Mark Brandenburg« Erwähnung finden. Doch es gibt auch aufregende Orte, die in keinem Reiseführer und keinem Flyer des örtlichen Touristikbüros erwähnt werden: Orte, die ihre mehr oder weniger große Zeit hatten, irgendwann ins Abseits gerieten, vergessen wurden und jetzt verfallen – und die dennoch viel über die Geschichte der Region erzählen.

Wie schon die früheren Bände der im Jaron Verlag erscheinenden »Geisterstätten«-Reihe stellt auch dieses Buch 14 solcher Orte vor. Es schließt damit einen Bogen: Dem ersten, 2010 erschienenen (und 2020 neu aufgelegten) Band über die Ruinen Berlins schloss sich eine Rundreise durch den Osten Deutschlands an: Auf Dresden (2013) und Leipzig (2014) folgten Mecklenburg-Vorpommern (2015), Thüringen (2016), Sachsen (2018), Sachsen-Anhalt (2019) sowie – aus Anlass des 25 Jahre zurückliegenden Abzugs der sowjetischen Streitkräfte aus der ehemaligen DDR – 2019 ein Band über »Geisterstätten der Sowjets«. Der neue Band schließt diese Reise ab und kehrt zugleich an den Anfang zurück. Denn manche der verfallenen Orte in Brandenburg haben einen unmittelbaren Bezug zu Berlin.

Auf der spannenden Reise zu den imposantesten brandenburgischen Geisterstätten werden die Leserinnen und Leser durch die verschiedensten Epochen der Geschichte geführt. In einem Fall kreuzen sie dabei auch die Spuren Theodor Fontanes. Denn der beschrieb schon 1861 das märchenhafte Gut Gentzrode bei Neuruppin. Kurios wird es in der Nähe von Königs Wusterhausen, wo einst der brandenburgische Graf Dracula lebte. Am Bogensee kann man sehen, wie der NS-Chefpropagandist Joseph Goebbels residierte, und am Möllensee, wie der Nachwuchs von Stasi-Mitarbeitern seine Ferien verbrachte. Aufgrund seiner Nähe zu Berlin ist die Region auch seit jeher gespickt mit militärischen Anlagen. Zu den interessantesten gehören eine unterirdische Munitionsfabrik bei Frankfurt an der Oder und der sogenannte Honecker-Bunker in Wandlitz.

Wie alle Bücher der Reihe ist auch dieses kein Reiseführer im klassischen Sinne. Zum einen kann der Besuch ungesicherter Ruinen Leben und Gesundheit gefährden, zum anderen faszinieren diese Orte nicht zuletzt durch die Stille, die in ihnen herrscht. Würden sie massenhaft Neugierige anziehen, ginge ihr Charme schnell verloren. Die werten Leser mögen es sich bequem machen und auf eine gedankliche Reise gehen.

Eine solche Reise unternimmt man nicht alleine. Mein Dank gilt daher allen, die an diesem Buch mitgearbeitet haben: allen voran Martin Kaule, der die Hälfte der im Buch vorgestellten Objekte besucht und beschrieben hat, meinem Freund Alexander Fries, der mich auf mehreren Touren begleitete, sowie meinem Sohn Adrian, der wieder einige der schönsten Fotos beigesteuert hat.

Unsere Texte und Bilder dokumentieren Orte, die es in dieser Form vielleicht schon bald nicht mehr gibt. Manche Ruinen zerfallen komplett. Andere aber werden saniert und einer neuen Nutzung zugeführt. Denn seit Berlin boomt und der Wohnraum dort knapp wird, gewinnt das Brandenburger Umland zusehends an Attraktivität – nicht nur für Wochenendausflügler aus der Bundeshauptstadt. Langsam, aber sicher verliert sie ihre Gültigkeit, Rainald Grebes schöne Zeile: »Es gibt Länder, wo richtig was los ist – und es gibt Brandenburg.« *Arno Specht*

Der Orient in der Mark

Gut Gentzrode

Es war ein Paradies, das aus dem Nichts entstand. Ein paar Jahre zuvor, so notierte der berühmte Dichter, hatte es dort nur »Sand und wieder Sand« gegeben, »von nichts unterbrochen als von einem gelegentlichen Büschel Strandhafer«. Doch nun fand er ein »Meisterstück gärtnerischer Kunst« vor, eine »Prachtschöpfung«. Und auch die Interieurs des Anwesens beeindruckten den Besucher. »Dies untere Turmzimmer kann als ein in seiner Art interessanter Raum gelten«, schrieb er. »Man hat hier alles in Bild und Schrift beisammen, die Personen und die Gedanken, die Gentzrode seinerzeit entstehen ließen. Es ist eine dunkelgrüne runde Halle, oben mit goldnen Sternen bemalt.« Auch Porträts der Erbauer zierten die Wände, ebenso ein Gedicht über die Geschichte des Guts: »Wer Großes schafft, muß viele Plagen/Mit zähem Mute fest ertragen./Auch dem, der hier den wüsten Sand/Der Kahlenberg' in urbar Land/Verwandelt hat mit Müh und Fleiß/Ihm machte man sein Streben heiß.«

Ruine bei Neuruppin: Getreidespeicher

Der Verfasser des Gedichts ist nicht bekannt, der Autor der euphorischen Prosa hingegen sehr wohl. Denn das Anwesen von Gentzrode fand 1861 Würdigung in einem Werk, das zum Klassiker der Reiseliteratur werden sollte: Theodor Fontanes »Wanderungen durch die Mark Brandenburg«. Dass sich gleich

Folgende Doppelseite: Der prachtvolle Eckturm überragt das Anwesen

1
2018

der erste, 1862 erschienene Band des Werks der damaligen Grafschaft Ruppin widmete, lag nahe: In Neuruppin war Fontane schließlich 1819 zur Welt gekommen. Und dass eine seiner Wanderungen nach Gentzrode führte, ist auch kein Zufall. Der Erbauer des Landsitzes, der Kaufmann Ludwig Alexander Gentz, wuchs in der Nachbarschaft der Familie Fontane auf – man kannte sich also.

Ein Besuch im Turmzimmer des Guts war zu Fontanes Zeiten ein exklusiver Genuss. Heute kommt hier jeder hinein, denn Türen und Fenster fehlen schon seit Jahren. Fontane würde den Raum wohl kaum wiedererkennen. Er ist schäbig, trist und leer. Die Porträts der Herren Gentz sind verschwunden. Der Sternenhimmel ist mit grauer Farbe übermalt. Und auch das Grün der Wände versteckt sich hinter Farbschichten, die spätere Nutzer aufgetragen haben. Es kommt nur noch zum Vorschein, wo schmutziges Beige und hässliches Grau abgeblättert sind. Dort erkennt man einzelne Buchstaben und Zahlen – und weit oben, direkt unter der stuckverzierten Kuppel, einen Namen: Gentz.

Von Fontane beschrieben: Das Turmzimmer

1855 hatte der Kaufmann Johann Christian Gentz das Anwesen erworben. Sohn Ludwig Alexander, der 1858 die Geschäfte übernahm, wurde von einer großen Idee angetrieben: Aus dem abgelegenen Stück Land nahe Neuruppin, bekannt als »Kahle Berge«, wollte er ein Mustergut machen. Ein Kornspeicher war das erste Bauwerk. Das Besondere an ihm war ein – um wieder mit Fontane zu sprechen – »turmar-

Maurische Architektur in der Mark: Herrenhaus von Ludwig Alexander Gentz

tiger Anbau, mit einem mächtigen Turmknopf oben«. Dort befanden sich auch das berühmte runde Zimmer und ein oberer Turmraum, »reich geschmückt mit Teppichen, Geweihen und Tigerfellen, mit Raubvögeln und Wildschweinsköpfen, meist selbstgemachte Jagdbeute. Dazwischen waren andre Räume mit Waffen gefüllt, so daß sie einer Rüstkammer glichen; oben aber lief ein Außengang um den Turm herum, von dem aus man einen trefflichen Überblick über Näh und Ferne hatte.«

Das Herzstück der Traumlandschaften des Ludwig Alexander Gentz aber wurde sein Herrenhaus. Hier gibt es keine Beschreibung Fontanes mehr – es wurde erst 1876/77 erbaut, also nach dem Besuch des Dichters. Schade. Denn mit der Planung seines Domizils betraute Gentz das renommierte Berliner Architektenteam Martin Gropius und Heino Schmieden, das in der Reichshauptstadt beispielsweise den nach Gropius benannten Ausstellungsbau und weite Teile der Charité entwarf.

Knapp zehn Kilometer außerhalb von Neuruppin ließen sich Gropius und Schmieden ganz vom Geschmack des Bauherrn leiten. Denn Gentz liebte es orientalisch. Spuren dieser Leidenschaft erfreuen bis heute jeden Besucher Neuruppins. Dort hatten Vater und Sohn Gentz schon ein paar Jahre zuvor den Tempelgarten – angelegt von Kronzprinz Friedrich, der noch nicht wusste, dass er mal als »der Große« in die Geschichtsbücher eingehen sollte – zu einem Märchengarten wie aus Tausendundeiner Nacht verwandelt. Gentzrode trägt die gleiche Handschrift: Mit einer Fassade aus verschiedenfarbigen Ziegeln, gemusterten Fensterleibungen und doppelten Rundbögen wuchs hier ein Sultanspalast in Miniaturausgabe aus dem märkischen Sand.

Langsam überwächst die Villa

Die Schönheit von einst versteckt sich heute hinter wild wucherndem Gestrüpp. Gnädig verdeckt die Natur den Verfall. Pilze, Moose und Pionierpflanzen zersetzen das, was von der Idealwelt des Kaufmanns Gentz noch übrig ist.

Gentz selber brachte das Projekt auch kein Glück. Die Kosten des Herrenhauses stiegen in schwindelnde Höhen und rissen das ganze Unternehmen in den Abgrund. 1880 musste er Konkurs anmelden. Als er das Gut 1881 verkaufte, erhielt er nur ein Fünftel der Bausumme dafür. In den folgenden Jahrzehnten wechselten mehrfach die Eigentümer. Für die Schwärmereien des Ludwig Alexander Gentz hatten sie nichts übrig. Als die Wehrmacht 1934 das Areal zum Schießplatz machte, war es mit der Orientsehnsucht endgültig vorbei. Auch die nachrückenden Sowjetsoldaten interessierten sich für die Gentz'schen Ideale herzlich wenig. Sie bauten für die 112. Garderaketenbrigade der 2. Panzerarmee Plattenbauten, Kasernen und ein Kino.

Hohes Gras, Gestrüpp, dazwischen die Trümmer einer Fahrzeughalle und die Reste eines Heizhauses – das einstige Gartenreich, von dem Fontane einst schwärmte, dass es »in manchem noch eigentümlicher« als das Graf Pücklers in Muskau sei, verwahrlost zusehends. Ein Investor hat das Gelände bereits vor Jahren gekauft. Doch geschehen ist bisher nichts. Außer dass das Regenwasser ungeschützt in die Gebäude dringt. Irgendwann wird sich der letzte Putz lösten – und auch der Name Gentz von der porösen Wand des Turmzimmers fallen. Zurück bleiben Sand und wieder Sand, von nichts unterbrochen als von einem gelegentlichen Büschel Strandhafer.

AS

Das Arsenal für millionenfachen Tod

Sonderwaffenlager Stolzenhain

Vielerorts in Brandenburg kann man bei einem Waldspaziergang unvermittelt auf eine Panzerstraße stoßen. Solche mit groben Betonplatten versehene Wege sind ein untrügliches Zeichen dafür, dass sich in der Nähe ein verlassener Militärstandort befindet. Brandenburg zählte bis zum Abzug der vormals sowjetischen, ab 1991 russischen Besatzungstruppen aus der ehemaligen DDR, der sich bis 1994 hinzog, zu den Regionen mit der höchsten Zahl an militärischen Liegenschaften in Deutschland. Zeitweilig nahmen militärische Einrichtungen über zehn Prozent der Fläche des heutigen Bundeslandes ein. Umfangreiche Konversionsmaßnahmen sorgten dafür, dass vieles von dem, was einst kriegsvorbereitenden Zwecken diente, heute zivil genutzt werden kann.

Auch bei Stolzenhain, einem Ortsteil der Stadt Schönewalde im Elbe-

Mit kyrillischen Schriftzeichen: Zufahrt zum sowjetischen Atomdepot

Tief im Wald versteckt: Lagerbunker für atomare Sprengköpfe

Elster-Kreis, stößt man auf eine dieser holprigen Panzerstraßen. Sie führt tiefer und tiefer in den Wald hinein – bis sie an einem Ort endet, an dem sich einst eines der geheimsten Objekte der sowjetischen Truppen auf dem Gebiet der DDR befand. In einem weitläufigen Waldgebiet lagerten hier, versteckt im Untergrund und geschützt durch massive Betonwände, bis zu 200 Atomsprengköpfe.

Der Kalte Krieg zwischen der NATO und dem Warschauer Pakt war bestimmt durch ein beispielloses atomares Wettrüsten der beiden Blöcke. Die Atomwaffenarsenale dienten der militärischen Abschreckung des geopolitischen Gegners. So stationierte die Sowjetunion schon bald auch in der politisch und wirtschaftlich von ihr abhängigen DDR nukleare Waffen. Ende der 1960er-Jahre wurden hierfür unter hoher Geheimhaltung zwei Lagerstandorte geschaffen: eines bei Lychen nördlich von Berlin, das andere bei Stolzenhain. Bauähnliche Garnisonen wurden in Polen, Ungarn, Bulgarien und der Tschechoslowakei errichtet.

Wie das Lychener Sonderlager war auch das bei Stolzenhain mit einer zivilen Wohnzone, einem Kasernen- und einem mehrfach gesicherten Lagerbereich ausgestattet. Neben den beiden Lagerbunkern existierten in der sensiblen Zone weitere Zweckbauten für die Handhabung des gefährlichen Lagerguts. Die DDR verfügte lediglich über die Trägerraketen für einen atomaren Schlag – im Kriegsfall hätte sie die todbringenden Gefechtsköpfe erst von ihrem Bündnispartner UdSSR erhalten.

Wer sich im Wald bei Stolzenhain auf Spurensuche begibt, fühlt sich in jene Jahre des Kalten Kriegs zurückversetzt, in der jedes Missverständnis zwischen den USA und der UdSSR zur Vernichtung großer Teile Europas hätte führen können. Die baulichen Hinterlassenschaften sind bis in die Gegenwart erhalten. Passiert man das erste Tor, wird man noch heute von zwei Betonstelen mit kyrillischen Schriftzeichen begrüßt. Ein Tor weiter erreicht man die wenigen Bauten der ursprünglichen Kaserne. Die zivile Wohnzone ist schon vor Jahren vollständig zurückgebaut worden. Ein drittes Tor schließlich führt in die eigentliche Lagerzone. Folgt man weiter der Betonstraße, kommt man an eine Weggabelung. Jeweils eine Straße führt nun zu den beiden baugleichen unterirdischen Lagerbunkern. Diese sind von den Stirnseiten aus durch zwei große Eingänge zu betreten, über die das Lagergut schnell ein- und ausgeladen werden konnte. Daneben gibt es jeweils einen reinen Personenzugang von oben.

Im Untergrund: Elektrische Anlagen

Nach Passieren der massiven Drucktore steht man dort, wo die Mittel gelagert wurden, die millionenfachen Tod hätten bringen können. Der Hauptsaal erstreckt sich über zwei Ebenen. Im Untergeschoss befinden sich auf der einen Seite die vier Kavernen für die Lagerung der Atomsprengköpfe und gegenüber die für technische Anlagen zum Betrieb des Bunkers und zur Wartung der Gefechtsköpfe. Unwillkürlich fragt sich der Besucher, weshalb dieses authentische Relikt der Zeitgeschichte, das von dem Grauen kündet, in das das Wettrüsten

Folgende Doppelseite: Der Hauptsaal des Lagerbunkers wurde geplündert

der Großmächte uns hätte führen können, nicht zum Museum gemacht wurde.

Im Wald lassen sich weitere bauliche Hinterlassenschaften entdecken: Stellungen für Maschinengewehrposten, Stacheldrahtsperren, Eingänge zu geheimen Tunneln. Aus der Luft war das Gelände im dicht gewachsenen Kiefernwald kaum auszumachen. Auch die Bevölkerung ahnte nicht, was hier im Untergrund lagerte. Die Geheimhaltung war so perfekt, dass der Kulturbund der DDR nur knapp fünf Kilometer entfernt, im Schloss Wiepersdorf, ein Künstlerheim unterhalten konnte.

Im Saunabereich: Detail eines Wandbilds

Die hier stationierten Offiziere führten ein vergleichsweise komfortables Leben. So durften sie ihre Familien mit an den Standort holen. Sport, Spiel und Erholung wurden großgeschrieben. Die einstige Sporthalle, das Freibad und die Sauna sind bis heute erhalten. Letztere dokumentiert auch das Talent manch eines Sowjetsoldaten, sich die trostlosen Wände mit kreativen Wandmalereien zu verschönern. Doch künstlerisch gestaltete Wände und gemütliche Raucherecken waren in der Regel den Offizieren und Unteroffizieren vorbehalten. Der Alltag der einfachen Soldaten indes war alles andere als leicht. Mobbing war innerhalb der streng hierarchisch strukturierten Truppe an der Tagesordnung, Gewalt, Mord und Suizid waren keine Seltenheit.

Das einstige Sonderwaffenlager Stolzenhain erinnert an diese Ära. Dass es eine der geheimsten Einrichtungen der sowjetischen Besatzer in der DDR darstellte, macht es zu einer der aufregendsten Geisterstätten in Brandenburg – zu einem Ort, der jedoch auch vor Augen führt, wie nah wir bis vor 30 Jahren am Rande des Abgrunds lebten. *MK*

Der Betonkoloss an der Oder

Bauruine des Großkraftwerks Vogelsang

Unübersehbar steht das gewaltige Betonskelett am Ufer der Oder. Die beiden markanten, rund 100 Meter hohen Schornsteine sind schon von Weitem zu erkennen. Das Kraftwerk Vogelsang am Rande von Eisenhüttenstadt ist nie in Betrieb gegangen. Und doch zeugt es davon, dass diese Region bereits ein industrielles Zentrum werden sollte, bevor die DDR hier für das ab 1950 entstehende Eisenhüttenkombinat Ost (EKO) eine »sozialistische Wohnstadt« aus dem Boden stampfte.

Die riesige Bauruine aus Stahlbeton gemahnt bis heute an die vorherige Epoche – die dunkelste in der jüngeren europäischen Geschichte.

An der Grenze zu Polen: Nie fertiggestelltes Braunkohlekraftwerk

Nachdem das nationalsozialistische Deutschland ab 1939 den Kontinent mit Krieg zu überziehen begonnen hatte, schufteten an der sogenannten Heimatfront vor allem Fremd- und Zwangsarbeiter, Frauen und andere dienstverpflichtete Menschen in den kriegswichtigen Unternehmen, um den dringend benötigten Nachschub für die mörderischen Angriffe auf die Nachbarn im Osten und Westen bereitzustellen. Jagdflugzeuge, Panzer, Schlachtschiffe, Waffen und Munition, aber auch Uniformen und Lebensmittel mussten in Hülle und Fülle produziert werden, um die kämpfenden Soldaten zu versorgen. Doch ab Frühjahr 1942 gingen die alliierten Kriegsgegner dazu über, große Bomberpulks nach Deutschland zu schicken, um die Infrastruktur des Landes empfindlich zu schwächen. Ziele der Angriffe waren vor allem Rüstungsbetriebe und wichtige Verkehrsknoten, aber auch weitere als kriegswichtig betrachtete Einrichtungen, nicht zuletzt Kraftwerke. Aber der Energiehunger der deutschen Kriegswirtschaft wuchs und wuchs. So begannen die deutschen Machthaber, die Energieproduktion teilweise in das von den Luftangriffen weniger bedrohte Hinterland oder gar in den bombensicheren Untergrund zu verlagern.

Ganz aus Beton: Blick in die untere Etage

Albert Speer, ab Februar 1942 nicht nur Rüstungsminister, sondern unter anderem auch Generalinspektor für Wasser und Energie, beschloss nach Beginn der alliierten Bombenangriffe das »Wärmekraft-Sofortprogramm«. Der Bau standardisierter Großkraftwerke mit einer Leistung von jeweils 300 Megawatt sollte dem erhöhten Energiebedarf Rechnung tragen. In einer ersten Bauphase wurden fünf Kraftwerke geplant, vornehmlich in Braun- und Steinkohlegebieten. Einer der neuen Standorte war Fürstenberg (Oder).

Die Kleinstadt am Westufer der Oder – die 1961 in die 1953 neu gegründete Stalinstadt, fortan Eisenhüttenstadt, eingemeindet wurde – hatten

Idylle pur: Oder-Radwanderweg am Kraftwerk Vogelsang

die Nationalsozialisten zu einer neuen Wachstumsregion bestimmt, in der neue Fabriken und Rüstungsunternehmen angesiedelt werden sollten. Die 1909 gegründete Märkische Elektrizitätswerke AG, die weite Areale Brandenburgs mit Elektrizität versorgte, wurde mit dem Bau des Kraftwerks in Fürstenberg, das mit Braunkohle beheizt werden sollte, beauftragt. Größter Abnehmer der Energie wäre ein Chemiewerk gewesen, das die Degussa 1941 in ebendieser Stadt zu errichten begonnen hatte.

Im Frühjahr 1943 erfolgte der erste Spatenstich. Aufgrund des kriegsbedingten Mangels an Arbeitskräften wurden für die Bauarbeiten sowjetische Kriegsgefangene aus dem nahe gelegenen Stammlager III B sowie vor allem polnische Juden aus dem Konzentrationslager Sachsenhausen herangezogen. Über die menschenunwürdigen Bedingungen, unter denen die Zwangsarbeiter litten, informierte 2008 eine Ausstellung auf dem Gelände der Kraftwerksruine.

Folgende Doppelseite: Im Schornstein führt eine Treppe nach oben

Absturzgefahr: Das Betreten der Ruine ist streng verboten

Als die Truppen der Roten Armee im Februar 1945 Oder und Neiße überquerten, stand das Kraftwerk kurz vor seiner Fertigstellung. Nach Kriegsende hätte es für die Produktion der dringend benötigten Elektrizität für den Wiederaufbau eingesetzt werden können. Doch im Rahmen ihrer Reparationsansprüche demontieren die Sowjets die technischen Einrichtungen fast vollständig und transportierten sie ab.

Die geschichtliche Entwicklung hat die Gemeinde Vogelsang, auf deren Gebiet das nicht vollendete Kraftwerk steht, vor dem Verschwinden bewahrt. Denn sie sollte für die Braunkohleförderung geopfert werden. Die DDR aber setzte auf Stahl – und schuf das EKO und Eisenhüttenstadt. Das unfertige Kraftwerk diente der lokalen Bevölkerung nach dem Krieg als illegaler Steinbruch zur Versorgung mit Baumaterialien. Ab den 1970er-Jahren führten Einheiten des Zivil- und Katastrophenschutzes der DDR Übungen in der Ruine durch: Die paramilitärisch organisierten Truppen trainierten hier in einer postapokalyptisch anmutenden Umgebung das Verhalten nach einem möglichen neuen Weltkrieg. Und die Jugend der Region entdeckte das Areal

Rechte Seite: Einschläge erinnern an den Vormarsch der Roten Armee 1945

Mit drei Etagen: Elektrizitätswerk

als Abenteuerspielplatz für sich.

Nach dem Ende der DDR rückten Architekten und Historiker an. Sie nahmen Maß, sie fotografierten und besuchten Archive, um den Koloss mit seinen erhaltenen ober- und unterirdischen Bauteilen zu guter Letzt unter Denkmalschutz zu stellen. In dieser Zeit gab es auch mehrere offizielle Informationsveranstaltungen und Führungen über das Gelände, doch im Anschluss wurde es wieder still um das Ensemble. Ein Unternehmer kaufte schließlich das Areal vom Land Brandenburg.

Natürlich ist das Betreten der Ruine aus guten Gründen strengstens untersagt. Dennoch tummeln sich immer wieder illegale Gäste auf dem Gelände – ist es doch ein wahres Paradies für alle, die dem Charme maroder Bauwerke verfallen sind. Die beiden Schornsteine mit den riesigen seitlichen Beschussschäden, die an die vorrückende Artillerie der Roten Armee erinnern, die wassergefüllten Becken, die einstigen Hallen und die unterirdischen Bereiche der Anlage, und dies alles inmitten einer verwunschenen Natur, direkt hinter dem Deich der Oder – die Kraftwerksruine Vogelsang ist eine der imposantesten Industrieruinen des Landes.

MK

Das Kunstmuseum ohne Audioguide

Heeresbekleidungsamt Bernau

Es steht in keinem Reiseführer. Es hat auch keine regulären Öffnungszeiten. Es gibt weder einen Kurator noch Aufsichtspersonal. Eine Vernissage fand nie statt. Nicht einmal einen Namen hat dieses Kunstmuseum. Und so konspirativ wie die Kunststätte selbst gestaltet sich auch deren Besichtigung. Der Zugang erfordert einiges an sportlichen Fähigkeiten – muss der Gast doch direkt an einer stark befahrenen Straße über einen Zaun klettern. Allein schon das verschafft dem Besuch dieses speziellen Ausstellungsorts die Aura des Exklusiven. Wer das Hindernis aber gemeistert hat, wird mit einer riesigen Ausstellungsfläche belohnt. Denn Platz gibt es im Überfluss an der Schwanebecker Chaussee in Bernau – in jenem weitläufigen Gebäudekomplex, der von der Wehrmacht gebaut, später von den Sowjets genutzt und inzwischen von Vertretern der Street Art erobert wurde.

Aus der NS-Zeit: Heeresbekleidungsamt

Der Weg zur Kunst führt durch einen Park. Mit viel Sinn für malerische Effekte teilt ein langes Wasserbecken die Fläche vor dem streng symmetrisch aufgebauten Bauwerk. Man könnte meinen, das sei schon für künstlerische Zwecke errichtet worden. Davon kann freilich keine Rede sein. Denn das Kriegshandwerk hat so gar nichts Artifizielles an sich. Und die früheren Nutzer des Komplexes hätten bestimmt ihre Probleme gehabt mit dem Bild, das der Graffiti-Künstler Alaniz auf eine rohe Backsteinwand sprühte: einer Frauengestalt, die mit ihrem Heili-

Graffito: Madonnendarstellung von Alaniz

genschein wie die Mutter Gottes wirkt. Weder die Nationalsozialisten mit ihrer menschenverachtenden Ideologie noch die Sowjets, die dem Atheismus huldigten, hätten mit dieser Figur etwas anfangen können.

An Kunst wurde auch zuletzt gedacht, als die Gebäude am Ortsrand von Bernau entstanden. Die Bauarbeiten wurden 1939 begonnen, in jenem Jahr, in dem Deutschland mit dem Überfall auf Polen den Zweiten Weltkrieg einläutete. Für den Vernichtungskrieg brauchten Hitlers Soldaten Uniformen und anderes Zubehör, und die sollten zentral in Bernau gelagert werden. Der Krieg tobte bereits drei Jahre, als das Heeresbekleidungsamt fertiggestellt war. Es wurde auf zwei Standorte in Bernau verteilt: Neben dem Hauptamt mit Verwaltung an der Schwanebecker Chaussee entstand am Schönfelder Weg ein flächenmäßig noch größeres Nebenlager. Das Amt beschäftigte 1200 Mitarbeiter, die von der Lehrter Straße in der Reichshauptstadt hierher verlegt wurden.

Die Ausmaße der Anlage sind beeindruckend. Und die wuchtigen Gebäude strahlen bis heute jene Brutalität aus, die das NS-Regime kennzeichnete. Hier wurden Uniformen sortiert und gereinigt, ausgebessert, gebügelt, gestärkt und für den Einsatz an der Front frisch verpackt. Denn Kriegsverbrecher legen Wert darauf, dass auch beim Unterjochen fremder Völker die Uniform gut sitzt. Von Bernau aus wurden die Jacken

Vorige Doppelseite: Ohne Titel, Fensterrahmen und Acryl auf Putz

und Mäntel, die Stiefel und Helme an die West- und die Ostfront geliefert. Sie wurden zu Symbolen des Verbrechens. Auch wenn sie frei von Flecken und Falten waren.

Die Uniformen, die Bügeltische und Lagerregale sind verschwunden. Zurück blieben nackte Wände. Und durch die Kunstwerke, die an ihnen entstanden, wurde der autoritäre Geist des Ortes endgültig gebrochen. Ungestört von wachsamen Ordnungshütern oder verärgerten Hauseigentümern und ohne Zeitdruck konnten sich hier Street-Art-Künstler frei entfalten und auch an ausgefeilteren Werken arbeiten. Schmerzen dürfte sie lediglich, dass ihre Hervorbringungen der Öffentlichkeit weitgehend verborgen bleiben – definiert sich Street Art doch eigentlich als Kunst für den öffentlichen Raum.

Kein fachkundiges Personal weist den Weg zu den Highlights der Ausstellung, kein Audioguide erklärt die Werke. Es ist purer Kunstgenuss, frei von vorgegebenen Deutungen. In einem leeren Nebenraum setzt ein Straßenkämpfer zum Wurf mit einem imaginären Objekt an. Die Darstellung erinnert an den sagenumwobenen Banksy. War der Meister etwa selbst hier? Oder nur ein Adept? Neben zersplitterten Scheiben prasseln Dollarmünzen aus dem zerplatzenden Kopf eines Selbstmörders. Drastische Kapitalismuskritik oder nur Provokation? Und in einer versteckten Dachkammer verbirgt sich das Prunkstück der Ausstellung: eine Abendmahlszene frei nach Leonardo da Vinci. Es ist ein filigran auf den zernarbten Putz gesprühtes Rätsel. Sitzen da George Washington und

Frei nach Leonardo da Vinci: Bernauer Abendmahl

die junge Queen Elizabeth am Tisch? Könnte der bärtige Herr vielleicht Ho Chi Minh sein? Und wem hat der unbekannte Meister hier die Rolle des Christus zugedacht? Vielleicht wäre ein Audioguide doch hilfreich.

Tanzende Lamas, ein einsamer Junge auf blätterndem Putz, eine Assemblage aus ausgedienten Fensterflügeln vor geometrischen Motiven. Schließlich zwei Kampfpanzer mit rotem Stern. Unversehens wird man in die Geschichte des Gebäudekomplexes katapultiert. Die anonymen Schöpfer dieses Werks hatten kein künstlerisches Zitat und keine tiefere Bedeutung im Sinn. Es handelt sich um klassische Agitprop-Malerei aus der Sowjetära. Sie erinnert daran, dass das Bekleidungsamt derer, die den Weltkrieg anzettelten, danach für knapp 50 Jahre von denen genutzt wurde, die ihn gewannen.

An der Schwanebecker Chaussee: Halle

Am 20. April 1945, jenem Tag, da Adolf Hitler im Berliner Führerbunker seinen letzten Geburtstag beging, marschierten die Sowjets in Bernau ein. Zunächst bereiteten auch sie in den Hallen Uniformen auf – nur dass diese nun statt eines Hakenkreuzes einen roten Stern trugen. Ab 1947 lagerten sie in Bernau Kriegsbeute. Danach zog die 90. Gardepanzer-Division ein – was die an die Wand gepinselten Panzer erklärt.

An einem Metallgestänge hängen die Reste eines zerfetzen Armeemantels. Ein Relikt der letzten Bewohner oder nur Teil einer Kunstinstallation? Während das morsche Textil vor sich hin modert, wird über die Zukunft des Geländes gestritten. Seitdem in Berlin der Platz knapp wird, wecken auch Brachflächen in Bernau Begehrlichkeiten. Rund 2000 Wohnungen möchte ein Investor auf dem Areal unterbringen. Das sorgt für kommunalpolitischen Zündstoff, obwohl der Investor verspricht, die Belange des Denkmalschutzes zu berücksichtigen. Das Street-Art-Museum meint er wohl nicht. Schade. Zumindest die Abendmahlszene wäre es wert, erhalten zu bleiben. *AS*

Der Urlaubsort der Stasi-Kinder

Ferienlager Feliks Dzierzynski bei Neuruppin

Die Natur machte Schluss mit der Uniformität. Für jede der kleinen Hütten hatte sie eine eigene Idee. Ganz individuell ließ sie den Verfall fortschreiten. Zwar stehen die Holzhäuschen nach wie vor in Reih und Glied, mit den Jahren aber verlieh der Verfall jedem seinen ganz eigenen Charakter. Mal ließ er das Flachdach einstürzen, mal die Seitenwand einsacken, mal die Vorderseite nach hinten kippen. In einem Häuschen ließ er auf dem Kunststoffboden einen dichten Moosteppich wachsen. In einem anderen entschied er sich für üppige Farne, die aus den Ritzen zwischen den aufgeworfenen Linoleumbahnen wuchern. Und in einem der Räume schuf er ein kleines Kunstwerk: eine mit Wasser gefüllte Glühbirne. Die seltenen Besucher stehen vor einem Rätsel. War es Regenwasser, das seinen Weg in den Glaskolben fand? Oder war es der Tau von unzähligen nebligen und kühlen Morgen, die am Ufer des Möllensees aufzogen, seitdem das Ferienlager geschlossen wurde?

»Ferien mit Feliks« nannte das Museum Neuruppin eine Ausstellung, die vor einiger Zeit die Geschichte des Lagers erzählte. Denn Namens-

Im Stil der DDR-Moderne: Speisehaus des Ferienlagers am Möllensee

geber der Einrichtung war Feliks Dzierzynski, der Begründer der Tscheka, des sowjetischen Staatssicherheitsapparats. Dass hier der berüchtigte Urvater aller kommunistischen Geheimdienste geehrt wurde, lässt ahnen, dass es sich um kein x-beliebiges Pionierlager handelte. Vielmehr verbrachte in Alt Ruppin der Nachwuchs von hauptamtlichen Mitarbeitern des Ministeriums für Staatssicherheit, kurz Stasi, seine Schulferien. Entsprechend viele Mythen rankten sich um das Gelände.

Geheimnisvoll ist dieser Ort auch heute noch. Eine holprige Straße führt durch endlose Wälder, bis man vor dem umzäunten Areal mit dem großen Gittertor steht. Hierher verirrt sich kaum noch jemand – von den Bewohnern einiger vereinzelter Häuser in der Nähe des Lager abgesehen, allenfalls mal ein Jäger oder Angler.

1976 hatte die Stasi das Lager eröffnet. Bis zum Ende der DDR verbrachten hier Sommer für Sommer bis zu 1500 Kinder ihre Ferien. Die jüngsten waren gerade mal sechs Jahre alt, die ältesten vierzehn. Die Reise begann in der Regel direkt am Arbeitsplatz ihrer Eltern: Von der Stasi-Zentrale in der Berliner Normannenstraße aus starteten die Busse in Richtung Alt Ruppin – heute ein Ortsteil von Neuruppin. Was die Kinder am Möllensee erwartete, dürfte eher unspektakulär gewesen sein. »Vieles war so wie in einem ganz normalen DDR-Ferienlager«, schreibt die Historikerin Elke Kimmel, die für die besagte Ausstellung in den Archiven des Bundesbeauftragten für die Stasi-

Untergegangen: Hütte für Stasi-Abkömmlinge

Unterlagen forschte und auch zahlreiche Gespräche mit Zeitzeugen führte.

Wer heute durch das verlassene Lager streift, fühlt sich unfreiwillig an die eigene Kindheit erinnert – egal, ob er im Osten oder im Westen aufgewachsen ist. Längst vergessene Erlebnisse bei organisierten Ferien fallen einem ein. Alles wirkt so vertraut: die düsteren Waschräume, die holzverkleideten Schlafkammern, die viel zu weit entfernten Toilettenanlagen. Man hört wieder dieses Gekreisch morgens, wenn sich alle im Waschraum drängelten. Man riecht wieder diesen Mief, der von Pubertierenden in Turnschuhen und Kunstfaserpullis ausging. Man hat wieder diesen faden Geschmack des immer gleichen Früchtetees auf der Zunge, den es zum Frühstück gab. Doch man erinnert sich auch an das Aufregende solcher Ferienfreizeiten. Das erste Mal allein von zu Hause fort. Verschwörerisches Getuschel unter Bettdecken. Aber auch Tränen des Heimwehs. Vermutlich war es überall ähnlich, ob am Möllensee oder in einer Jugendherberge im Westen: Den einen verging die Zeit viel zu schnell, den anderen quälend langsam.

Ferienerinnerung: Verwahrloster Waschraum

Aller Lageromantik zum Trotz – ideologiefrei ging es im Ferienlager Feliks Dzierzynski beileibe nicht zu. Ein »Tag der Tscheka« gehörte ebenso zum Standardprogramm wie militärische Übungen. Alte Fotos zeigen Jungen, die mit einer Panzerfaust hantieren. Darin unterschied sich das Jugendlager bei Neuruppin freilich nicht von vergleichbaren Einrichtungen der »Jungen Pioniere«, auch wenn diese nicht direkt der Stasi unterstanden. In einem Propagandafilm über ein Pionierlager bei Bernau wechseln muntere Bade- und Fußballszenen mit Schießübungen.

Folgende Doppelseite: Die Kegelbahn ist noch bestens in Schuss

Und als sportive Belustigung gab's Ballwürfe auf die Karikaturen von Kapitalisten.

Zeugnisse solcher Aktivitäten finden sich am Möllensee nicht mehr. Die erkennbaren Spuren erinnern an harmlosere Vergnügungen: ein paar Sportgeräte, die Badestellen am See, die Kegelbahn im großen Gemeinschaftsgebäude. Obwohl etwas angestaubt, wirkt diese, als könnte man sie problemlos wieder auf Vordermann bringen. Auch der Speisesaal ist gut erhalten. Selbst die Glastafeln, die auf die Ausgabestellen für »Kaffee« und »Kalte Speisen« hinweisen, sind 30 Jahre nach dem Sturm auf die Normannenstraße noch unbeschädigt. Der gesamte Bau könnte ein denkmalgeschütztes Ensemble der DDR-Moderne sein, mit seinem VT-Faltendach und dem vor ihm platzierten Brunnen mit der abstrakten Edelstahlplastik.

Brunnen aus DDR-Zeit

Zu einer neuen Nutzung verhilft das dem ehemaligen Ferienlager freilich nicht. Zwei Versuche scheiterten bereits kurz nach der deutschen Wiedervereinigung. Die Idee, eine vormalige Einrichtung der berüchtigten »Firma Horch und Guck« zum Hotel zu machen, blieb trotz idyllischer Lage und direktem Seezugang erfolglos. Danach wurden die Räume für ältere Menschen hergerichtet, die dort ihren Lebensabend verbringen sollten, wo sich einst die sozialistische Jugend tummelte. Spuren der Seniorenresidenz findet man bis heute. An manch einer abgeschabten Tür steht noch der Name des einstigen Bewohners. Klobiger Elektroschrott aus der Zeit vor der Erfindung des Flachbildschirms rostet auf fleckiger Auslegeware. Hier, fernab jeder Zivilisation und auf ehemaligem Stasi-Gelände, wirken die Spuren der Vergangenheit noch trostloser als anderswo.

Mitte der 1990er-Jahre musste auch das Experiment Altenwohnheim für gescheitert erklärt werden. Seither residiert im einstigen Sommerlager nur noch der Verfall – ganzjährig, hartnäckig und ausgesprochen kreativ.

AS

Die mörderische Fabrik im Untergrund

Seewerk Falkenhagen

Der Name der kleinen Gemeinde zwischen Fürstenwalde (Spree) und Frankfurt (Oder) klingt nach Idylle pur: Falkenhagen. Und auch die Bezeichnung Seewerk lässt eher an Freizeitvergnügen denken als an mörderische Absichten. Doch das Seewerk Falkenhagen sollte keine Erholung suchenden Besucher anziehen. Vielmehr wurde in der ausgedehnten Bunkeranlage ein bestialischer Kampfstoff hergestellt, von dem sich das nationalsozialistische Regime einen entscheidenden Vorteil in ihrem räuberischen Eroberungszug durch Europa erhoffte.

Wie viele geheime Rüstungsbetriebe, die während des Zweiten Weltkriegs in Deutschland entstanden, wurde auch die mit dem Tarnnamen Seewerk versehene unterirdische Munitionsfabrik in einer abgelegenen, aber strategisch günstigen Gegend errichtet. In einem großen Waldareal

Nahe Frankfurt an der Oder: Rüstungsbetrieb der Nationalsozialisten

Okkupiert: Einbauten der Sowjetarmee in der ehemaligen Giftgasfabrik

versteckt, lag sie doch kaum mehr als zehn Kilometer von Frankfurt entfernt. Eine wichtige Bahnverbindung sorgte dafür, dass die Baumaterialien gut angeliefert und später die gefertigten Stoffe ebenso problemlos abtransportiert werden konnten. Um möglichen feindlichen Bombern keinen Orientierungspunkt zu bieten, wurde das Schloss Falkenhagen vor Bau der Bunkeranlage gesprengt. Die Bauarbeiten begannen 1939 und wurden auch gegenüber der einheimischen Bevölkerung streng abgeschirmt.

Was in Falkenhagen produziert wurde, war der wohl aggressivste Kampfstoff der damaligen Zeit. Hinter dem Namen »N-Stoff« verbarg sich Chlortrifluorid, ein farbloses Giftgas, das aus einer Verbindung von Chlor und Fluor entsteht. Beide Stoffe gehen in einem komplizierten Prozess bei 400 Grad Celsius eine neue Verbindung ein. Hochgiftig und ätzend, frisst sich dieses Gas nicht nur durch Stein, Beton und zahlreiche Metalle, sondern schädigt auch die Menschen, die ihm ausgesetzt sind, in irreversibler Weise: Es verätzt die oberen Atemwege, führt zu schweren Lungenschäden und greift die Augen stark an. Ein todbringendes Mittel im Dienste des menschenverachtenden NS-Regimes.

Durch eine verschleierte Unternehmensbeteiligung subventionierte das Heereswaffenamt den Bau der Falkenhagener Anlage. Die Fertigstellung des gewaltigen Rüstungskomplexes verzögerte sich aufgrund des von Deutschland angezettelten Zweiten Weltkriegs bis ins Jahr 1943. Aufgrund der physikalischen Eigenschaften des Stoffs – er geht bei Unterschreiten von 12 Grad vom gasförmigen in den flüssigen Aggregatzustand über – erfolgte die sicherheitstechnisch heikle Produktion im Untergrund. Für den in zwei unterirdischen Hallen produzierten N-Stoff wurde ein spezieller Lagerbereich geschaffen. Dieser war so konstruiert, dass man ihn im Falle einer Havarie vollständig mit Wasser hätte fluten können, um den hochaggressiven Stoff zu entschärfen.

Ab 1944 entstand in direkter Nachbarschaft des N-Stoff-Werks eine Produktionsanlage für das Nervengas Sarin. Wie schon zuvor wurden für die Bauarbeiten mehrere Hundert Zwangsarbeiter eingesetzt, die in einem nahen Außenlager des KZ Sachsenhausen untergebracht waren. Beide Areale waren nicht nur durch ein oberirdisches Wegesystem verbunden, sondern auch unterirdisch durch zahlreiche Tunnel und Versorgungsgänge. Während der Kämpfe um Berlin 1945 wurden kurzzeitig verschiedene Einheiten in dem Areal zusammengezogen.

Versteckt: Notausgang des Bunkers

Zwischen der Einnahme durch die Rote Armee und dem Abzug der Besatzungsmacht Anfang der 1990er-Jahre war die vormalige Giftgasfabrik in den Händen der sowjetischen Truppen. Diese ließen alles noch vorhandene Inventar zurückbauen und entwickelten die Anlage spätestens in den 1970er-Jahre zu einem ihrer wichtigsten Führungsbunker außerhalb der Sowjetunion. Dieser war getarnt als Kfz-Instandsetzungswerk. Der ehemalige Eisenbahntunnel erhielt einen umfangreichen Schleusentrakt für eine mög-

Folgende Doppelseite: Der Zugang zu dem Bunker war schwer gesichert

ДЗ
ОТКР

203

liche Dekontaminierung der Insassen. Die Fabrikationsebenen wurden mit zahlreichen Raumgruppen versehen, und der ursprüngliche Lagerbereich wurde zum Bürotrakt umgewidmet. Nach der Fertigstellung handelte es sich um einen der wichtigsten Gefechtsstände der Sowjetarmee auf dem Gebiet der DDR. Im Falle kriegerischer Auseinandersetzungen mit der NATO sollten von hier aus Einheiten der verbündeten Truppen des Warschauer Pakts geführt werden. Oberirdisch wuchsen weitere militärische Zweckbauten empor, die dem Komfort der Besatzer dienten. Der gesamte Bereich war rigide gegen die Außenwelt abgeschottet, Besucher hatten ein gestaffeltes Sicherungssystem zu durchlaufen.

Für sowjetische Offiziere: Bunkerbüros

Nach friedlicher Revolution und Abzug der Besatzungstruppen setzte der Verfall des Geländes ein. Fünfeinhalb Jahrzehnte militärisch genutzt, konnte das einstige Sperrgebiet nun erstmals von Anwohnern erkundet werden. Doch auch Schrott- und Kabeldiebe sowie Umweltsünder, die hier Berge an Unrat hinterließen, fanden sich schnell ein. Inzwischen wandelt ein Verein das geschichtsträchtige Areal schrittweise zu einem Freizeitareal um. Bei spannenden Führungen können das Gelände und der imposante Bunker besichtigt werden.

Nach den umfangreichen Umbauten durch die Sowjets und den späteren Rückbauten durch die abziehenden Streitkräfte stellt sich der Bunker heute als ein Labyrinth aus Tunneln, Gängen und weit verzweigten Raumgruppen dar. Sowohl im Untergrund als auch in der einstigen Kaserne können Besucher noch so manches Geheimnis entdecken. Und viele von ihnen werden sich schaudernd bewusst, wie viel Unheil von diesem Ort hätte ausgehen können, wenn NS-Deutschland im Zweiten Weltkrieg nicht von den Allierten besiegt worden wäre – oder wenn der Kalte Krieg zwischen den Siegern in einen neuen Weltkrieg gemündet wäre. *MK*

Das Haus des geköpften Gottes

Heilstätte Grabowsee

Wie kommt man nur auf solche Ideen? In der Antike konnte man es wenigstens noch auf die Götter schieben, wenn sich Menschen auf unlösbare Aufgaben stürzten. Dem armen Herkules stellten diese gleich zwölf knifflige Aufgaben, dem renitenten König Sisyphus nur eine – die hatte es dafür in sich. Sprachbildend wirken die beiden Figuren der griechischen Mythologie bis heute: Es freut sich, wer eine Herkulesaufgaben gemeistert hat, und grämt sich, wer eine Sisyphusarbeit übernommen hat.

Ob Bernhard Hanke wohl eher als Herkules oder als Sisyphus vom Grabowsee in die Geschichte der Oberhavel eingehen wird? Auf jeden Fall kann die Aufgabe, die er sich gestellt hat, mit jenen der beiden mythischen Gestalten problemlos mithalten. Oder wäre es etwa keine Herkulesaufgabe, quasi im Alleingang und ohne Startkapital ein Ensemble von rund 30 maroden Gebäuden zu sanieren?

Im Norden Oranienburgs: Lungenheilstätte

In den langen Gängen ist es auch zu Ostern noch empfindlich kalt. In den verbliebenen Fensterrahmen fehlt meist das Glas. Die Dächer sind löcherig, manche Böden morsch. Wer um sich blickt, weiß: Auf rund 34 Hektar hinter verschlossenen Bauzäunen wartet Arbeit für Jahrzehnte.

Aber Bernhard Hanke hat einen Traum: den Traum von einer internationalen Akademie für Kinder und Jugendliche, in der eine neue Art des Lernens vermittelt wird, die von Lebensnähe und kritischem Denken

Erinnert an einen U-Bahnhof der 1920er-Jahre: Gefliester Raum

geprägt ist statt von sturem Pauken. Immerhin, einen Teilerfolg hat er schon errungen: Der Eigentümer des Areals, ein Berliner Investor, lässt ihn auf der Liegenschaft schalten und walten. Für seinen Verein »Kids Globe« hatte er sogar schon mal einen prominenten Schirmherrn an Land gezogen, Altbundespräsident Roman Herzog, der allerdings 2017 verstarb. Ab und zu wird Hanke von Ehrenamtlichen unterstützt, die ein paar Quadratmeter Dach flicken oder ein Stückchen Mauer vor dem Einsturz bewahren. Ansonsten ist er Einzelkämpfer. Ein einsamer Heros in einem morbiden Reich.

Denn einsam ist es am Grabowsee im Norden Oranienburgs. Die Zeiten, in denen am östlichen Ufer des Gewässers Hunderte von Patienten, Ärzten, Krankenschwestern und Pflegern lebten, sind lange vorbei. Dabei war die Heilstätte Grabowsee über viele Jahre eine bedeutende medizinische Einrichtung. 1896 wurde sie vom »Volksheilstättenverein zum Roten Kreuz« als Versuchsanstalt für Lungenkranke gegründet. In der ersten Lungenheilstätte Norddeutschlands versuchte man der Volkskrankheit Tuberkulose mit Ruhe und frischer Luft beizukommen.

Vorige Doppelseite: Die Kirche am Grabowsee brannte vor Jahren aus

1900 waren bereits 200 Betten verfügbar. Nachdem die Klinik im Ersten Weltkrieg als Lazarett gedient hatte, übernahm die Landesversicherungsanstalt Brandenburg im Jahre 1920 die Einrichtung und vergrößerte sie nochmals erheblich. Zahlreiche Erweiterungsbauten, die ab 1926 ans Ufer des Grabowsees gesetzt wurden, prägen mit ihrer expressionistischen Architektur bis heute das Gesicht der Anlage. Die Zahl der Betten stieg auf über 400. Lange benötigt wurden sie allerdings nicht: Ab 1943 setzten sich Therapien mit Antibiotika durch, lange Klinikaufenthalte wurden unnötig. Folglich wurde auch Grabowsee nach dem Zweiten Weltkrieg anderweitig genutzt: Die Sowjets machten die Heilstätte zum Militärhospital – bis zu ihrem Abzug Anfang der 1990er-Jahre.

Erst Tuberkuloseklinik, dann Lazarett und Militärhospital, schließlich verlassene Ruine: Die Geschichte der Heilstätte Grabowsee erinnert sehr an die Entwicklung der wohl bekanntesten Klinik dieser Art, nämlich der zwei Jahre früher gegründeten Beelitzer Heilstätten. Auch die Architektur ähnelt sich, und wer die Ruine am Grabowsee heute besucht, kann in etwa das Flair erleben, mit dem Beelitz noch vor zwei Jahrzehnten die Abenteuerlustigen anlockte: die Stille in den ausgeräumten Hallen, das Gruselige verlassener langer Klinikgänge, welche Gedanken über Krankheit, Leid und Tod hervorrufen, die melancholische Aura einst prachtvoller Bauten, die dem Verfall geweiht sind … Dies machte Beelitz zur Mutter aller Lost Places – bis der Ort dank Baumwipfelpfad, Drehkreuz, Museumsshop und Imbissbude zum Disneyland für die etwas weniger Risikofreudigen unter den Ruinenfreunden wurde.

Gespenstisch: Relikte einer Kunstaktion

Heute ist Grabowsee das bessere Beelitz. Und dank eines 2018 gedrehten Films vermischen sich die Eindrücke von beiden Orten endgültig: Da man in Beelitz aus Angst vor einem neuen Boom des Grusel-Tourismus die Zustimmung zu Dreharbeiten am Originalschauplatz verweigerte, drehte Regisseur Michael David Pate seinen in Beelitz spielenden Horrorfilm »Heilstätten« kurzerhand am Grabowsee.

Er war beileibe nicht der erste Regisseur, der sich von der Heilstätte Grabowsee inspirieren ließ. Georg Clooney drehte hier 2013 einige Szenen für »Monuments Men«. Bernhard Hanke schwärmt noch heute von seiner damaligen Begegnung mit dem Hollywoodstar – auch wenn seine größte Hoffnung nicht aufging: Als Mäzen, der die für Kauf und Sanierung erforderlichen rund 50 Millionen Euro an »Kids Globe« überweisen würde, stand Clooney bei aller Sympathie für das Projekt nicht zur Verfügung.

Kopflos: Hauseingang mit Äskulap-Relief

So wird wohl noch eine ganze Zeit lang alles beim Alten bleiben. Man wird weiter die leeren Räume durchschreiten können, in denen Künstler ihre Werke zurückließen, die sie hier vor ein paar Jahren ausstellten. Jetzt erinnern sie an den verlassenen Drehort eines bizarren Musikvideos. Man wird auch weiter die Ruine der Backsteinkirche am See bestaunen, die einem Gemälde von Caspar David Friedrich entsprungen sein könnte. Und es wird auch die glasierte Keramikfigur über dem Eingang erhalten bleiben, der unbekannte Vandalen den Kopf abgeschlagen haben.

Die kopflose Figur hält einen Stab in der Hand, um den sich eine Schlange windet – das Zeichen des Äskulap. Auch der griechische Gott der Heilkunst hatte einen großen Plan. Er wollte die Sterblichkeit der Menschen überwinden. Dass er damit Erfolg hatte, erzürnte Zeus. Der mächtigste aller Götter schleuderte deshalb tödliche Blitze auf Äskulap. Hoffen wir für Bernhard Hanke, dass Zeus an der Oberhavel nichts zu sagen hat.

AS

Das verschwiegene Versteck des Ölprinzen

Treib- und Schmierstofflager Niederlehme

TSL-44 der LSK/LV. Militärs lieben Abkürzungen, nicht nur bei uns, sondern wohl in allen Streitkräften der Welt. Abkürzungen geben der Rede einen zackigen Charakter und schaffen einen Code, der Außenstehenden nicht zugänglich ist. Eine Abkürzungsdatenbank der Bundeswehr enthält mehr als 10000 Einträge, die von einer zentralen »Koordinierungsstelle für die Terminologie« erfasst und ständig aktualisiert werden.

Im Verwaltungsapparat der Nationalen Volksarmee (NVA) der DDR beziehungsweise dem zuständigen Ministerium für Nationale Verteidigung sah es damals nicht anders aus. Daher wissen Insider sofort, dass sich hinter dem Initialbegriff TSL-44 der LSK/LV das Treib- und

Von der Natur zurückerobert: Kasernenareal bei Königs Wusterhausen

Schmierstofflager 44 der Luftstreitkräfte/Luftverteidigung verbirgt. Die Überreste dieses Lagers findet man in einem abgelegenen Areal inmitten eines Waldes bei Niederlehme, einem Ortsteil von Königs Wusterhausen.

Den Kern des einstigen NVA-Objekts bilden zwei in den 1970er-Jahren errichtete riesige unterirdische Lagertanks. Ihr Durchmesser beträgt 31 Meter und ihre Höhe 6 Meter. In ihnen war der Treibstoff TS-1 eingelagert, der für die Gasturbinentriebwerke von Strahl- und Turbopropflugzeugen eingesetzt wurde und allgemein unter dem Begriff Kerosin bekannt ist. Eine lange und höchst wacklige Treppe führt heute hinab in einen dieser surreal wirkenden Räume. Unten angekommen, erlebt der furchtlose Besucher eine beeindruckende Akustik. Der Hall gibt einem das Gefühl, sich inmitten einer überdimensionierten Blechdose zu befinden. Durch die kleine Öffnung an der Decke des Tanks dringt ein kaum wahrnehmbarer Rest von Tageslicht und mildert die Dunkelheit ein wenig ab.

Unterirdisch: Riesiger Kerosin-Tank der Nationalen Volksarmee

Als Liebhaber verlassener Bauwerke erstmals Fotos von der Anlage im Internet verbreiteten, ersannen sie für diese die Bezeichnung »Ölprinz«. Metaphorik statt Abkürzungsmanie. Man wollte aufregende Bilder zeigen, aber den Standort nicht preisgeben. Doch der Verschleierungsversuch war vergebens: Wie viele andere bauliche Zeugen der Vergangenheit wurde auch das Treibstofflager in Niederlehme schon bald von weiteren Urbexern entdeckt. Und als sich die Kunde von den Tanks unter der Erde erst einmal herumgesprochen hatte, kamen auch die Vandalen und die weniger erfahrenen Abenteurer, die aus Forscherdrang ihre körperliche Unversehrtheit aufs Spiel setzen.

Aus der NS-Zeit: Zugang zu Rüstungsbunker

Zu erforschen gibt es auf dem hügeligen Gelände in Niederlehme allerdings noch mehr als die Spuren aus der DDR-Zeit. Sehr bald stößt man auf weitere unterirdische Lagerbehälter, die aber kleiner und ganz anderer Bauart sind. Sie stammen aus der vorhergehenden Nutzungsepoche. Die Paraxol GmbH, eine Tochter der Degussa, erbaute hier zu Beginn des Zweiten Weltkriegs ein Werk, in dem unterschiedliche Produkte der Sprengstoffindustrie hergestellt wurden. Die kleineren Tanks, die mit mehreren Metern Erde überdeckt sind, um sie vor Bom-

Folgende Doppelseite: Wandbilder erinnern an die Nutzung durch die NVA

ben zu schützen, dienten zur Einlagerung von Methanol, das über mehrere Zwischenschritte zu Pentaerythrit umgewandelt wurde. Dieses wiederum diente als wichtiger Grundstoff zur Herstellung des Sprengstoffs Nitropenta. Die hochbrisanten Eigenschaften dieses Stoffs wurden bereits vor dem Ersten Weltkrieg entdeckt, doch die Serienproduktion begann erst während der nationalsozialistischen Diktatur.

Verlassen: Kasernenbauten

Knapp einen Kilometer vom Lagerbereich entfernt liegt der oberirdische Verwaltungstrakt, der in der NS-Zeit als Marmeladenfabrik getarnt war. Wie auch bei anderen Sprengstofffabriken waren die meisten Gebäude mit begrünten Dächern versehen, um die feindliche Luftaufklärung in die Irre zu führen. Weitere Bauten dienten der Unterbringung von Produktionsanlagen und der Versorgung der Fabrik. Ein verbunkertes Pumpwerk am Ufer der Dahme stellte die Versorgung mit Frischwasser sicher.

Nach Ende des Zweiten Weltkriegs baute die sowjetische Besatzungsmacht alle brauchbaren betriebs- und gebäudetechnischen Einbauten zurück und hinterließ nur die ausgeplünderten Rohgebäude. Im Rahmen der verdeckten militärischen Aufrüstung in den Anfangsjahren der

Linke Seite: Getarnte Dächer und versteckte Bunker prägen das Gelände

Unverkennbar mit militärischer Vergangenheit: Areal in Niederlehme

DDR übernahm 1951 die Kasernierte Volkspolizei den Standort und baute ihn aus. Nach der Gründung der NVA 1956 erfolgte ein erneuter Ausbau zum NR-2, dem Nachrichtenregiment 2, aus dem später die 2. Nachrichtenbrigade hervorging. Wir sehen, Abkürzungsliebhaber hätten schon damals ihre wahre Freude gehabt.

Nachdem die friedliche Revolution dem sozialistischen Staat den Garaus gemacht hatte, wurde das Treib- und Schmierstofflager Niederlehme wie viel andere Standorte der NVA durch die Bundeswehr abgewickelt. In der Folgezeit wurden auf dem Gelände Gewerbebetriebe und im einstigen Kasernenbereich eine Schule angesiedelt. Ein Teil der Gebäude, die mittlerweile überwiegend unter Denkmalschutz stehen, wartet jedoch noch auf eine neue Nutzung. Besuchern fällt heute vor allem der reizvolle Kontrast zwischen den bewachsenen Häusern aus der NS-Zeit und den später entstandenen Bauten mit ihren teils riesigen sozialistischen Wandbildern auf – eine Melange, wie sie kein zweites Mal in Brandenburg zu finden ist. *MK*

Die Munitionsmanufaktur des Kaisers

Feuerwerkslaboratorium Kirchmöser

Sie kamen und sie gingen: der Kaiser und die Kanzler, der Diktator und die Generäle. Und alle hatten sie ihre Wünsche. Die einen wollten Pulver für ihr Heer, die Nächsten Lokomotiven für ihre junge Republik, wieder andere Panzer für ihre Truppen. Doch egal, welche Staatsform gerade herrschte: Hinter den prachtvollen Fassaden wurde produziert, was bestellt wurde. Erhalten aber blieb über die Zeiten der Name des schmucken Gebäudes: Feuerwerkslaboratorium.

Der Begriff hat etwas Poetisches an sich. Wenn das antiquierte »Laboratorium« an die Stelle des schnöden »Labor« tritt, ist der Gedanke an Alchemie und andere geheimnisvolle Künste nicht fern. Man denkt an Menschen, die mit Glaskolben über Gasflammen hantieren und den Geheimnissen der Natur auf der Spur sind. Und dies gar gekoppelt mit dem Wort »Feuerwerk«! Große Feste kommen einem in den Sinn und durchkomponierte Lichtsymphonien am schwarzen Himmel. Oder der letzte Tag des Jahres, die lange Nacht der pyrotechnischen Amateure. Doch in der Industrieanlage am Rande von Kirchmöser im Havelland ging es nie um Feste und Frohsinn. Ihre Gründung verdankt das Feuerwerkslaboratorium dem Wunsch, größtmögliche Zerstörung anzurichten. Denn gebaut wurde es kurz nach Beginn des Ersten Weltkriegs als Teil eines Rüstungsbetriebs.

Mit prächtigem Speisehaus: Rüstungsbetrieb

Als am 1. August 1914 das Deutsche Kaiserreich in den Krieg eintrat,

Im Treppenhaus: Wandmalerei der Sowjets

ging es ihm beileibe nicht nur darum, dem Verbündeten Österreich-Ungarn beizustehen. Die Pläne von Kaiser Wilhelm II. waren weitaus ambitionierter. In seinem Größenwahn startete Deutschland den Versuch, zur Weltmacht aufzusteigen, und stürzte sich in einen Zwei-Fronten-Krieg. Dass der nicht gut ausgehen konnte, wissen wir heute.

Als die Militärs erkennen mussten, dass der Krieg nicht schnell zu gewinnen war, wurde ihnen auch klar, dass die Kapazitäten der Rüstungsindustrie nicht ausreichen würden. Das galt auch für das dringend benötigte Pulver. So beschloss die Reichsregierung im November 1914, eine weitere staatliche Pulverfabrik zu bauen. Als Standort wählte sie ein bis dahin unbedeutendes Dorf namens Möser. Entscheidend war dessen Lage: Dass der Flecken direkt an der Bahnlinie Berlin–Magdeburg lag, machte ihn gut erreichbar. Und dass der Baugrund wie eine Halbinsel in den Wendsee ragt, war ein strategisches Plus.

Zu der Pulverfabrik gesellte sich Mitte 1915 das Feuerwerkslaboratorium, in dem hauptsächlich Zünder und Granaten hergestellt wurden. Wer die übrig gebliebenen Bauten heute sieht, denkt an alles andere als an einen zu Kriegszeiten eilig zusammengezimmerten Rüstungsbetrieb. Schon bei der Wahl des Architekten legte man Wert auf Qualität: Man

Vorige Doppelseite: Die Munitionsfabrik wirkt wie ein Schloss

beauftragte Bruno Taut. Der darf heute mit seinen herausragenden Werken des Neuen Bauens wie der Bohnsdorfer Tuschkastensiedlung und der Britzer Hufeisensiedlung in keinem Architekturführer fehlen. Nun also wurde er Planer eines Rüstungsbetriebs.

Verglichen mit seinen Gartensiedlungen, fielen die Bauten in Kirchmöser eher konservativ aus. Vor allem ein Gebäude fällt noch heute ins Auge: das Speisehaus. Säulen mit ionischen Kapitellen gliedern die Fassade, mit seinen vier Flügeln und dem Innenhof wirkt es eher wie das Schloss eines brandenburgischen Landadeligen aus dem frühen 19. Jahrhundert als wie ein Fabrikgebäude.

Heute steht das Speisehaus verlassen hinter Bauzäunen. Im Hof wuchert das Gras, Bäume sprießen bis dicht an die Fassade, in den Dächern klaffen Löcher. Auch die Pförtnerhäuschen machen einen traurigen Eindruck. Durch die Tore traten schon lange keine Arbeiter mehr.

Die ersten waren im Sommer 1915 zu ihren neuen Arbeitsplätzen marschiert. Innerhalb kürzester Zeit waren Pulverfabrik und Feuerwerkslaboratorium errichtet worden – vor allem von Kriegsgefangenen. Und während noch weitere Bauten aus dem Boden gestampft wurden, lief in den Hallen die Produktion auf Hochtouren. Vom neuen Bahnhof aus wurde das Pulver an die Front transportiert. Der verhalf dem Örtchen Möser auch zu einem neuen Namen: Um Verwechslungen mit Möser in Sachsen-Anhalt zu vermeiden – der Ort liegt an derselben Bahnstrecke –, wurde das Dorf kurzerhand in Kirchmöser umgetauft. Der neue Name blieb dem Örtchen, der heute ein Stadtteil von Brandenburg an der Havel ist, bis heute.

Lässt den Schnee herein: Undichtes Dach

Der Zweck der Fabrik hingegen wurde obsolet durch den Versailler Vertrag, der Deutschland jede Art von Rüstungsproduktion verbot. Pulverfabrik und Feuerwerkslaboratorium wurden liquidiert, und im

Verlassen wie das gesamte Feuerwerkslaboratorium: Pförtnerhäuschen

Oktober 1919 vollzog sich auch in Kirchmöser das, was man heute als Rüstungskonversion bezeichnet: In den Fabriken wurden jetzt Lokomotiven und Güterwagen repariert. Daraus entwickelte sich das RAW Brandenburg-West, bald eines der modernsten Eisenbahnwerke Europas. Nebenbei wurde so ziemlich alles überholt und gewartet, was man rund um die Eisenbahn benötigte – bis hin zur Fahrkartenlochzange. Doch ab 1942 wurden in den Hallen wieder Rüstungsgüter produziert – schickte sich Deutschland doch ein zweites Mal an, Europa zu unterjochen. Die Eisenbahnwerke wurden kurzerhand in die Ukraine verlegt.

Das Militär gab auch nach 1945 in Kirchmöser den Ton an: Die sowjetischen Besatzungstruppen reparierten jetzt Panzer, wo der Kaiser Pulver produzieren und die Reichsbahn Lokomotiven warten ließ. Im Speisehaus ist die Zeit der Sowjets noch sehr präsent: Ein roter Stern prangt auf losem Putz, verblassende Porträts auf stockigem Karton ehren längst vergessene Helden. Auch ihr Gesellschaftssystem ging unter – so wie das Kaiserreich, die Weimarer Republik, das NS-Regime und die DDR. Welches Schicksal das Feuerwerkslaboratorium in der Bundesrepublik erwartet, ist offen. Auch noch 30 Jahre nach der Wiedervereinigung. *AS*

Die Stätte der erbärmlichen Ärzte

Landesirrenanstalt Teupitz

Der Künstler blieb unbekannt. Und bald wird auch sein Werk verschwunden sein. Denn morsch und feucht ist es in der Teupitzer Klinik geworden. Keine guten Bedingungen für Wandmalereien. Noch aber kann man das Bild erkennen – zumindest seine Reste. Auf gut 15 Quadratmetern rühmt es die Medizin in der sozialistischen Gesellschaft. Man sieht ernst blickende Ärzte, mal im beratenden Gespräch, mal am OP-Tisch. Sie gruppieren sich um eine mythologisch wirkende Frauengestalt, eine fiktive Göttin der Heilkunst in einer durch und durch säkularen Gesellschaft. Am Rand des Bildes dann diejenigen, die von all den Errungenschaft des Sozialismus profitieren sollen: ein strahlendes Paar und spielende Kinder.

Mit dunkler Geschichte: Teupitzer Anstalt

Das Paar und die Kinder traf es als Erste. Sie sind seit Jahren verschwunden. Wo sie einst lachten, sind nur noch faulender Putz und rohe Backsteine zu sehen. Denn seit Jahren wuchert der Verfall durch das Gemäuer wie eine bösartige Geschwulst durch einen geschwächten Körper. Diese Krankheit zerfrisst und zersetzt auch die Helden der Heilkunst. Ihre Gesichter sehen bereits erbärmlich aus. Den Kampf gegen den Verfall werden sie bald verloren haben.

Der Arzt als furchtloser Kämpfer gegen Krankheit und Tod … Das verschwindende Wandbild glorifiziert einen Berufsstand, der zu allen Zeiten einen besonderen Status hatte. Doch nicht immer waren Teupit-

zer Ärzte untadelige Helden im hippokratischen Auftrag. Zumindest in der Zeit der nationalsozialistischen Terrorherrschaft waren sie es nicht. Denn in jenen Jahren war die Teupitzer Klinik eine Anstalt, die ihren Schutzbefohlenen zunächst Gewalt antat und später in den sicheren Tod schickte.

Teupitz war eine von einer Vielzahl psychiatrischer Kliniken im Deutschen Reich, in denen Ärzte die ethischen Prinzipien ihres Berufsstands über Bord warfen und sich zu willigen Helfern des verbrecherischen NS-Regimes machten. 1935 fanden hier die ersten Zwangssterilisationen statt. 1439 Menschen wurden gegen ihren Willen verstümmelt. Später war die Klinik in eine der furchtbarsten Untaten des NS-Staates eingebunden: in die Aktion T4, die systematische Ermordung von Menschen mit körperlichen oder geistigen Behinderungen. Die Teupitzer Ärzte wurden zu Handlangern jener Verbrecher, die unter dem beschönigenden Schlagwort »Euthanasie« beschlossen hatten, den »deutschen Volkskörper« von »lebensunwertem Leben« zu befreien. Über mindestens 1852 Menschen fällten sie innerhalb von zwei Jahren das sichere Todesurteil, indem sie die entsprechenden Formulare ausfüllten. Vollzogen wurden die Morde dann anderenorts – vor allem in den Tötungsanstalten Bernburg (Saale) und Brandenburg an der Havel.

Mit Jugendstilelementen: Hausfassade

In den Teupitzer Ärzten und Pflegern fanden die Organisatoren der Aktion T4 vermutlich allzu willige Helfer. In keiner anderen brandenburgischen Klinik war der Anteil an NSDAP-Mitgliedern unter dem medizinischen Personal so hoch wie hier. Er war so hoch, dass es sich sogar lohnte, für die Anstalt und das angrenzende Pflegerdorf eine eige-

Vorige Doppelseite: Das sowjetische Wandbild ist in erbärmlichem Zustand

ne Ortsgruppe der nationalsozialistischen Einheitspartei zu gründen. So wurde denn auch knapp die Hälfte des Pflegepersonals nach 1945 als »belastet« eingestuft. Auch die führenden Köpfe der Teupitzer Untaten mussten Konsequenzen tragen. Mindestens zwei von ihnen starben wohl in sowjetischer Haft.

So unfassbar die damaligen Verbrechen in der Teupitzer Klinik sind – sie wurden in Räumen verübt, deren Behaglichkeit bis heute spürbar ist. Anmutig ranken sich florale Jugendstilmotive über Ofenkacheln, wie exotische Dschungelpflanzen winden sich Stuckmotive über die Fassaden. Die Klinik war eingebettet in einen Park, dessen Liebreiz geradezu pervers anmutet angesichts der Geschehnisse.

Für den Missbrauch seiner Gebäude konnte deren Schöpfer, der Architekt Theodor Goecken, freilich nichts. Er hatte im Auftrag des Provinzialausschusses die Anstalt entworfen. 1908 wurde sie ihrer Bestimmung übergeben. Sie firmierte unter einem Namen, der dem medizinischen Erkenntnisstand der Zeit verhaftet war: Landesirrenanstalt. Bis zu 1500 Behinderte wurden hier betreut. Und zwischen all den eleganten Pavillons schuf Goecken ein Gebäude, das bis heute die Anlage wie ein Wahrzeichen überragt: einen Wasserturm mit asymmetrisch gestalteter Turmhaube.

Stadtbildprägend: Wasserturm

Der Turm ist inzwischen einsturzgefährdet. In den meisten der Pavillons hat es irgendwann mal gebrannt. Rußgeschwärzte Balken ragen aus einge-

Verbreitet keinen angenehmen Duft mehr: Wäscherei der »Irrenanstalt«

stürzten Dachlandschaften, deren Giebelchen und Türmchen von der einstigen Eleganz künden. Zwar wird ein Teil des riesigen Geländes auch heute wieder als Fachklinik genutzt, die meisten Gebäude stehen aber seit Jahrzehnten leer. Vorher hatte die Anlage den sowjetischen Besatzungstruppen als Militärhospital und dem DDR-Gesundheitswesen als Nervenklinik gedient. Heute verfallen die denkmalgeschützten Jugendstilbauten.

Hinter den Mauern steht die Zeit still. In den Ruinen finden sich noch Spuren aus der Zeit des Kalten Kriegs. Im Klubraum erinnern Wandbilder daran, dass es auch in einer Klinik bisweilen das Bedürfnis nach Partystimmung gibt. Im Kinosaal harren ein paar einsame Klappsessel aus. Und in der großen Waschküche rosten Maschinen vor sich hin. Zwischen den Trommeln und Bottichen ist der Duft nach frischer Wäsche schon längst von dem Geruch nach Schimmel abgelöst worden.

Mittlerweile wird auch die Erinnerung an die Bewohner gepflegt, die in der NS-Zeit hier lebten – und deren Leben in Teupitz für unwert erklärt wurde. Im Park wurde 2000 ein Gedenkstein enthüllt, der an die »Euthanasie«-Morde erinnert. Und vor dem Eingang der Klinik erinnern »Stolpersteine« an einige der Opfer. *AS*

Das mondäne Liebesnest des Agitators

Waldhof am Bogensee

Der Koch schaut aus dem Fenster der hölzernen Kajüte und ruft die Mannschaft zu Tisch. Die Crew des Segelschiffs ist international: Man erkennt Menschen aus Asien, Afrika, Europa, selbst Südamerika ist vertreten. Es wird gesungen, musiziert, getanzt, getrauert und gelacht. Die ganze Welt auf einem Schiff. Die Wellen schlagen hoch, doch das Land kann nicht weit weg sein, denn eine kleine weiße Taube beobachtet, auf der oberen Rah sitzend, neugierig das Geschehen.

Das Mosaik findet man an einer Hauswand des Waldhofs am kleinen Bogensee bei Wandlitz. Ein internationales Kollektiv glücklicher Menschen steuert einem gemeinsamen Ziel entgegen – dem Sieg über den Kapitalismus möglicherweise. Das Bild ist ein typisches Beispiel für Staatskunst im sozialistischen Teil Deutschlands und macht auf den ers

Idyllisch gelegen: Refugium des Reichspropagandaministers

Typische DDR-Kunst an einer Fassade: Schiffsmannschaft

ten Blick offenkundig, dass das große, repräsentative Anwesen zuletzt als DDR-Kaderschmiede diente.

Doch entstanden ist der tief im Forst versteckte Waldhof unter ganz anderen politischen Verhältnissen. 1936 schenkte die Stadt Berlin das weitläufige und idyllisch gelegene Areal einem der wichtigsten Figuren des nationalsozialistischen Terrorregimes. Joseph Goebbels, der bereits 1925 Adolf Hitler als »kommenden Diktator« feierte, hatte maßgeblichen Anteil am Aufstieg der NSDAP während der Weimarer Republik: als Gauleiter von Berlin und Reichspropagandaleiter der Partei. Nach Installierung der NS-Diktatur 1933 hatte er als Reichsminister für Volksaufklärung und Propaganda einen entscheidenden Anteil an der ideologischen Indoktrinierung der Bevölkerung. Mit seiner demagogischen Rhetorik begeisterte er das Volk für die kruden Ideen des Nationalsozialismus, diffamierte Juden und politische Gegner und ebnete den Weg für die Kriegsbegeisterung, die Deutschland in den Abgrund riss.

Bis 1939 – dem Jahr also, in dem mit dem deutschen Überfall auf Polen der Zweite Weltkrieg begann – ließ sich Goebbels seine Villa am Bogensee erbauen. Ein herrschaftliches Blockhaus mit 30 Privaträumen,

40 Dienstzimmern, einem Kino und einem eigenen Luftschutzbunker. Von den im Boden versenkbaren Panoramafenstern, aus denen der Chefdemagoge den Blick auf den See genoss, sprach man in ganz Deutschland. Da die Baukosten schon schnell Goebbels' Finanzen überforderten, wurde der Waldhof kurzerhand durch die Ufa-Film GmbH gesponsort.

Für Schauspieler wurde die Residenz des Propagandaministers, der bevorzugt Film und Radio für seine ideologischen Ziele nutzte, schon bald zu einem beliebten Treffpunkt. Und sie gab Goebbels die Möglichkeit, die zahlreichen Affären, die er unter anderem mit Schauspielerinnen gehabt haben soll, 40 Kilometer vom turbulenten Berlin entfernt auszuleben.

Nach Ende des Kriegs diente der Waldhof zunächst der Roten Armee als provisorisches Lazarett, bevor er im März 1946 der neu gegründeten Freien Deutschen Jugend (FDJ) übereignet wurde. Der kommunistische Jugendverband hatte zum Zeitpunkt seiner Gründung bereits eine Million Mitglieder, bis in die 1980er-Jahre steigerte sich die Zahl auf 2,3 Millionen. Hatte die FDJ anfangs noch das Ziel, Freiheit und Humanismus zu fördern und die Einheit Deutschlands zu erhalten, wurde sie nach Gründung der DDR mehr und mehr zu einem Machtinstrument der Herrschenden. Sie schuf ein paralleles Erziehungssystem, um die Heranwachsenden im Sinne des SED-Regimes zu formen. Viele DDR-Kader begannen ihre politische Karriere in der FDJ – Erich Honecker etwa, der spätere Staatsratsvorsitzende, startete seinen Aufstieg zwischen 1946 und 1955 als Erster Sekretär des Zentralrates in der FDJ.

Ließ sich Goebbels erbauen: Villa Waldhof

Die Gebäude des Goebbel'schen Waldhofs, in denen eine national-

Folgende Doppelseite: Das Kulturhaus ist ein architektonisches Juwel

Kaminzimmer im Waldhof, Saal im Kulturhaus

sozialistische Clique rauschende Feste gefeiert hatte, wurden nun zur Kaderschmiede der Kommunisten: Am Bogensee wurde die »Zentraljugendschule der Freien Deutschen Jugend« installiert, die später den Namen »Wilhelm Pieck« trug. 1950 setzen umfangreiche Baumaßnahmen ein, die in unmittelbarer Nähe der Gebäude aus der NS-Zeit größere und modernere Wohn-, Sozial- und Unterrichtsgebäude emporwachsen ließen. Der einstige Luftschutzbunker wurde gesprengt, und ringsum entstanden Spiel- und Sportmöglichkeiten. Verantwortlich für die Um- und Neubauten war der DDR-Stararchitekt Hermann Henselmann, der später der Berliner Stalinallee ihr sozialistisch-klassizistisches Gepräge gab. Das Ensemble am Bogensee wurde schnell zum Vorzeigeobjekt des noch jungen Arbeiter-und-Bauern-Staats. In dem modernen Hochschulkomplex studierten ausgewählte Jugendliche aus der DDR und anderen sozialistischen Staaten. Um die 15 000 Menschen dürften die Bildungseinrichtung durchlaufen haben.

Nach dem Ende der DDR wurde der Komplex noch kurzzeitig als Tagungs- und Seminarhotel genutzt. Doch seit Ende des 20. Jahrhunderts steht ein Großteil der Bauten leer. Vandalen und Schrottdiebe tru-

Linke Seite: Entree und großer Saal des Lektionsgebäudes

Auf dem Anwesen der Villa Waldhof erbaut: Jugendhochschule der FDJ

gen ihren Teil dazu bei, dass sich das Anwesen heute in einem heruntergekommenen Zustand befindet. Statuen wurden gestohlen, und die Natur erobert sich das Terrain langsam, aber sicher zurück. Mehrere Versuche, einen Käufer für den ehemaligen Waldhof zu finden, scheiterten.

Wünschenswert wäre, dass sich das Land Berlin als Eigentümer der Liegenschaft seiner Verantwortung bewusst wird und das Ensemble dauerhaft einer würdigen Nutzung zuführt, die dessen Vergangenheit nicht unter den Teppich kehrt. Das imposante ehemalige Lektionsgebäude mit seinem großen, 600 Sitzplätze umfassenden Hauptsaal, den Übersetzerkabinen und repräsentativen Gesellschaftsräumen ist einmalig in Brandenburg. Auch das einstige Gemeinschaftshaus, das ursprünglich für Empfänge und später zur Versorgung der Lehrgangsteilnehmer genutzt wurde, besticht noch heute durch seine Architektur. Und nicht zuletzt das schöne Segelschiff-Mosaik wäre es wert, als Zeugnis eines untergegangenen Staates der Nachwelt erhalten zu bleiben. *MK*

Das Tauchbecken für stählerne Ungetüme

Kaserne Forst Zinna

Auf militärischer Tauchfahrt in Brandenburg ... Was wie ein Märchen klingt, war in der Zeit des Kalten Kriegs wahr: Sowohl bei der Nationalen Volksarmee der DDR als auch bei den sowjetischen Besatzungstruppen wurde ebendieses außergewöhnliche Manöver zu Trainingszwecken durchgeführt. Doch auf Tauchgang ging nicht etwa, wie man annehmen möchte, ein U-Boot. Vielmehr war es ein eigens für diesen Zweck umgerüsteter Panzer.

Regelmäßig von den Sowjets geübt wurde das Verfahren unter anderem in Forst Zinna, einem abgelegenen Militärareal nahe des Jüterboger Ortsteils Kloster Zinna. Die steinernen Zeugnisse sind noch heute zu entdecken. Am Rand der verlassenen Kaserne befindet sich ein etwa 20 mal 80 Meter großes Becken, in dem die Besatzungen regelmäßig mit ihren Panzern auf Tauchfahrt gehen mussten. Von einer Tribüne aus konnten die Ausbilder das Geschehen beobachten und notfalls entsprechende Rettungsmaßnahmen einleiten. Die möglichen Störfälle waren vielfältig: vom massiven Wassereintritt über den Ausfall des Motors bis zu schwerwiegenden Steuerschäden. Den Ausstieg im Falle einer Havarie übten die Besatzungen vorab in einem Tauchsimulator.

Bei Kloster Zinna: Kasernengebäude

Doch was steckte hinter den Tauchübungen? Die Erklärung: Wären die Truppen des Warschauer Paktes in Richtung Westen vorgedrungen,

Am Rande der Kaserne: Panzertauchbecken mit Aufsichtsturm

dann hätten mehrere große Ströme schnell überwunden werden müssen. Die eigens dafür ausgerüsteten Panzer sollten in einem solchen Fall durch das Flussbett fahren, um Brückenköpfe zu bilden oder vorab in das feindliche Gebiet vorzustoßen.

Panzer können jedoch nicht nur dem militärischen Feind Verderben bringen. Dies zeigt ein verheerendes Unglück, das sich am 19. Januar 1988 in Forst Zinna zutrug – nicht weit vom Tauchbecken entfernt. Mitten durch das 500 Hektar große Militärareal verlief die Eisenbahnstrecke Berlin–Leipzig. Die Trasse trennte die Kasernen vom Manövergelände. An diesem Tag würgte ein 19-jähriger Soldat beim Überqueren der Schienen im Beisein seines nur ein Jahr älteren Fahrlehrers den Motor des von ihm gesteuerten Panzers T-64A ab. Das Stahlungetüm stand mitten auf dem Gleiskörper, als sich mit 120 Stundenkilometern der D 716 näherte. In Panik sprangen Fahrschüler und -lehrer aus dem Panzer und liefen davon. Der Zugführer erkannte viel zu spät das unbeleuchtete Militärfahrzeug. Mit 400 Fahrgästen an Bord fuhr der Zug ungebremst auf den 38 Tonnen schweren Panzer auf. Die Lokomotive überschlug sich und schleifte den Panzer 150 Meter mit sich, neun Waggons entgleisten. Sechs Menschen starben in den Trümmern des Zugs,

Verödet: Gebäude zum Abstellen und Warten von Fahrzeugen

33 Fahrgäste wurden teils schwer verletzt. Während früher derlei Unglücke, in die die sowjetischen Besatzungstruppen involviert waren, durch die Staatsmacht in aller Regel verheimlicht worden waren, berichtete die DDR-Presse nun ausführlich über die Katastrophe von Forst Zinna. Sogar ein Team der »Aktuellen Kamera«, der Nachrichtensendung des Fernsehens der DDR, war bereits kurz nach dem Unglück zur Stelle. Gorbatschows Politik von »Glasnost« und »Perestroika« hatte bereits einen tiefen Graben zwischen der DDR, die weiter auf Härte gegenüber der Bevölkerung setzte, und der Sowjetunion geschaffen. Und so nutzten die ostdeutschen Medien die Katastrophe, um den »Freunden«, deren neuer Politik man keineswegs freundlich gegenüberstand, Nachlässigkeit vorwerfen zu können.

Die militärische Geschichte des Areals reicht weit vor die Gründung der DDR zurück. Schon seit dem 19. Jahrhundert wuchs die Gegend um Jüterbog zu einer der am stärksten militarisierten Regionen Deutschlands heran. Ab 1864 ließ der Kaiserstaat auf dem Truppenübungsplatz Jüterbog Einheiten für einen kommenden Krieg üben. Bis zum Ende der

Folgende Doppelseite: Die Propagandatafel galt einem KPdSU-Parteitag

СССР

nationalsozialistischen Diktatur 1945 waren rundum mehrere Truppenübungsplätze sowie die Barackenlager Altes Lager, Neues Lager und Adolf-Hitler-Lager – auch Waldlager Forst Zinna – entstanden.

Letzteres wurde ab 1947 von der neu gegründeten Deutschen Verwaltungsakademie »Walter Ulbricht« für ihre Zwecke umgebaut. Ziel war die Ausbildung ausgewählter sozialistischer Kader, die in der sowjetischen Besatzungszone eine Selbstverwaltung aufbauen sollten. Nachdem die Akademie 1952 nach Potsdam umgezogen war, übernahmen die sowjetischen Streitkräfte das gesamte Areal. Durch umfangreiche Baumaßnahmen wuchs die Liegenschaft bis Ende der 1980er-Jahre immer weiter in Richtung der Eisenbahntrasse. In allen Liegenschaften rund um Jüterbog waren bis 1994 bis zu 40 000 Armeeangehörige samt ihren Familien zusammengezogen.

Vergessen: Zwei Stühle in einem Lehrgebäude

Die Kaserne Forst Zinna zählt vermutlich zu den letzten Kasernen in Brandenburg, die nach einem vollständigen Konversionsprozess eine neue Nutzung erfahren werden. Das Barackenlager, das nach Anmeldung besichtigt werden kann, ist bis auf den weitläufigen Kfz-Park mit den Garagen und Werkstätten noch fast vollständig erhalten. Die versteckten Fitnessräume in den Dachböden der Unterkunftsblöcke sind genauso faszinierend wie die erhaltenen Ausbildungs- und Trainingsanlagen. Wenn man die baulichen Reste des ehemaligen Kulturhauses betritt, hört man mit ein wenig Fantasie noch den Gesang eines sowjetischen Militärchors.

Ganz versteckt am Rande der Kaserne findet man sogar noch die Relikte des einstigen Arrestgebäudes. In ihm waren wahrscheinlich die beiden Panzerinsassen inhaftiert, die 1988 das schwere Eisenbahnunglück verursachten. Nach wenigen Tagen wurden sie in die Sowjetunion zurückgeschickt, wo sie vermutlich zum Tode verurteilt wurden. *MK*

Der Sitz von Graf Dracula

Schloss Schenkendorf

Augen zu, das Kopfkino startet ... Dramatische Filmmusik erklingt, die Namen der Darsteller flackern über die Leinwand, der Filmtitel erscheint, und die erste Szene beginnt – selbstverständlich in Schwarz-Weiß. Bei Sturm und Nebel kämpft sich eine dunkle Limousine durch die Nacht. Durch ein schlafendes Dorf, in dem die Kneipen Namen wie »Deutsches Haus« tragen. Aus dem Dunkel taucht ein schmiedeeisernes Tor auf. Quietschend öffnen sich die Türen. Reifen rollen über knirschenden Kies. Vor einem prächtigen Portal endet die Fahrt. Der Hausherr wartet bereits: ein stattlicher Mann mit kleinen Augen und buschigem Bart. Er geleitet seine Gäste in den Festsaal, in dem die Kerzenleuchter fahrige Schatten gegen die hohe Stuckdecke werfen. Willkommen beim brandenburgischen Graf Dracula!

Erbaut als Sommersitz eines Verlegers: Schloss bei Königs Wusterhausen

Wo Graf Dracula feiern ließ: Festsaal

Auf Schloss Schenkendorf bei Königs Wusterhausen lebte wirklich einst ein Graf Dracula. Und es wirkt tatsächlich wie aus einem Schwarz-Weiß-Film. Denn schwarzer Ruß bedeckt den einst makellos weißen Stuck. Das Domizil des Grafen ist von den Spuren eines Brandes gezeichnet. Die letzten Gäste genossen nämlich kein Festmahl im Kerzenschein, sie entzündeten ein Lagerfeuer mitten auf dem Parkett des einstigen Ballsaals. Die Freiwillige Feuerwehr Königs Wusterhausen verhinderte Schlimmeres.

Der Brand im Frühjahr 2014 beendete eine Episode in der Geschichte des Schlosses, die man getrost als großes Kino bezeichnen kann. Sie begann im West-Berlin der 1980er-Jahre. Dort hatte der gelernte Bäcker Ottomar Berbig beschlossen, keine kleinen Brötchen mehr zu backen, sondern in Schöneberg ein Antiquitätengeschäft zu eröffnen. Eine seiner Kundinnen war die rumänische Fürstin Alexandra Caradja Kretzulesco. Man war sich sympathisch, und Stück für Stück erfuhr Berbig interessante Details aus der Familiengeschichte: Die Kretzulescos waren die legitimen Nachfahren des legendären Graf Dracula, und die kinderlose Prinzessin Ekaterina Olympia Caradja war deren letzte Stammhalterin. Die bereits über 90-jährige Dame litt unter dem drohenden Ende der Dynastie. Denn auf biologische Weise ließ sich das Problem kaum noch lösen. Doch Ottomar Berbig wurde zum Retter: Schon ein Jahr später ließ er sich von der betagten Dame adoptieren – und hieß fortan Ottomar Rodolphe Vlad Dracula Prinz Kretzulesco.

Ein Name, den man sich auf der Zunge zergehen lassen muss. Und auf einem fleckigen Plakat kann man ihn noch heute lesen. Es ist in Blau und Gelb gehalten, denn der adoptierte Nachfolger der Blutsauger engagierte sich auch politisch: Er war Mitglied der FDP-Fraktion im Kreistag des Landkreises Dahme-Spreewald. Sein Slogan: »Ich beiß' mich durch!« Das Wahlplakat liegt im Keller des Schlosses, zwischen zerfledderten Aktenbergen, verrutschten Tellerstapeln und Bergen von Speisekarten, die bizarre Spezialitäten feilbieten: Knoblauchsuppe, Dracula-Würstchen oder Kinderportionen »für kleine Vampire«.

Zu Gast bei Graf Dracula – mit diesem Konzept hatte Berbig seinen neuen Namen zur Geschäftsidee gemacht. Und als stilvolle Kulisse für Dracula-Dinners und andere fürstliche Events wählte er 1996 Schloss Schenkendorf, ein neoklassizistisches Kleinod mit Geschichte. Die hatte glanzvoll begonnen. Der Verleger Rudolf Mosse ließ sich das Schloss, das heute als verrußte Ruine zerfällt, 1896 als Sommersitz unweit der Reichshauptstadt errichten. Mosse war der Herrscher über ein ganzes Zeitungsimperium. Dessen Flaggschiff war das »Berliner Tageblatt«, die dezidiert liberal ausgerichtete auflagenstärkste Zeitung im Deutschen Reich. In der Weimarer Republik sollte sie der wichtigste demokratische Gegenpol zu den nationalkonservativen Medien des Hugenberg-Konzerns werden. Mosses freiheitliche Gesinnung war seinen konservativen Gegnern ebenso ein Dorn im Auge wie sein wirtschaftlicher Erfolg. Und der war sichtbar. Mosse residierte in einem Palais am Leipziger Platz – am selben Ort erinnert heute ein gleichnamiges Bürogebäude an den großen Verleger. Der Landsitz in Schenkendorf rundete das Bild ab: Er war der endgültige Beweis, dass es der jüdische Unternehmer ganz an die Spitze der Gesellschaft des Kaiserreichs geschafft hatte.

Auf Schloss Schenkendorf starb Mosse auch 1920. So blieb es ihm erspart, das Ende seines publizistischen Imperiums unter der NS-Diktatur miterleben zu müssen. Auch das Schloss wurde enteignet. Danach geriet das Anwesen ins Abseits.

Ein Liberaler mit Biss

Erst wurde es zum Waisenhaus, dann zum Ledigenheim der Grenztruppen. Die DDR tat sich offensichtlich schwer mit dem Erbe einer Familie, die zwar vom NS-Regime verfolgt, aber alles andere als proletarisch war.

Der großzügige Park ist heute verwildert. Man stolpert über Betonmauern – Reste von Beeten und Gewächshäusern, in denen Gärtner einst die Zutaten für erlesene Menüs züchteten, die bei repräsentativen Anlässen im Hause Mosse aufgetischt wurden. Zwischen mächtigen alten Bäumen dümpeln die modrigen Reste von Bächlein und Teichen. Es muss ein Traum von Park gewesen sein, ein Ort zum Lustwandeln, Sinnieren und Parlieren. Aus dem Gestrüpp erhebt sich ein schlanker Aussichtsturm. Filigrane Treppen führten nach oben, von wo aus man einen erhebenden Blick über das Anwesen hatte. Heute verschandeln ungelenke Hakenkreuzschmierereien das einst elegante Bauwerk – und verhöhnen auf primitivste Weise den verdienten Erbauer.

Marode: Eines von 46 Zimmern im Schloss

Auch Ottomar Berbig alias Graf Dracula gelang es nicht, den Zauber von Schloss Schenkendorf wiederzubeleben. Mit Events und Partys ließ sich das 46-Zimmer-Anwesen nicht unterhalten. 2009 wurde es zwangsversteigert. Noch im selben Jahr starb der Graf – verarmt und ignoriert vom Rest des europäischen Adels.

Zwischen verstaubten Büchern und Zeitschriften liegen Kisten voller Musik-CDs. Ottomar Rodolphe Vlad Dracula Prinz Kretzulesco warb singend für Blutspendepartys des DRK auf Schloss Dracula – seine vielleicht bizarrste Geschäftsidee. Es hätte der Soundtrack für einen neuen Film werden können: der Erfolgsstory des Grusel-Grafen in der brandenburgischen Provinz. Doch dieser Film wurde nie gedreht. *AS*

Vorige Doppelseite: Seit einem Brand erlebt man das Schloss in Schwarz-Weiß

Der geheimste Ort der DDR

Honecker-Bunker in Wandlitz-Prenden

Zum Glück überstand die Welt den Kalten Krieg zwischen Ost und West relativ unbeschadet. Obwohl der Frieden zwischen den beiden großen Militärbündnissen, den Staaten des Warschauer Pakts und der NATO, mehr als einmal auf der Kippe stand, fand die atomare Auseinandersetzung nicht statt. Wäre es zu einem Atomkrieg gekommen, dann wäre kein Land stärker betroffen gewesen als das geteilte Deutschland, das damals noch besetzt war von den Siegerstaaten des Zweiten Weltkriegs, den Sowjets auf der einen sowie den Amerikanern, Engländern und Franzosen auf der anderen Seite. Sowohl in der Bundesrepublik als auch in der DDR wurden dafür Vorkehrungen getroffen. Man wollte im Fall aller Fälle politisch und militärisch handlungsfähig sein. So wurde ab 1960 in Ahrweiler nahe der provisorischen Bundeshauptstadt Bonn der

Mit unterirdischem Zugang zum Objekt 5001: Stabsgebäude

Wurden nach 1989 ausgebaut und verkauft: Notstromgeneratoren

streng geheime sogenannte Regierungsbunker gebaut, der im Krisenfall die Verfassungsorgane des Bundes aufnehmen sollte.

Als Gegenstück dazu entstand 30 Kilometer nordöstlich der Hauptstadt der DDR, im heutigen Wandlitzer Ortsteil Prenden, zwischen 1978 und 1983, ebenfalls unter strengster Geheimhaltung, das unterirdische »Sonderbauwerk 17/5001«. Im Kriegsfall hätte hier der Nationale Verteidigungsrat (NVR), der aus den führenden Vertretern der Staatspartei SED und der bewaffneten Organe der DDR bestand, Zuflucht gefunden. Vorsitzender des NVR war SED-Chef Erich Honecker. Deshalb wurde das Objekt 5001 bald auch Honecker-Bunker genannt. Es gehörte zu einer ganzen Reihe von kleineren und größeren Bunkeranlagen sowie weit verzweigten Stollensystemen, mit denen die politische Führung die militärische Schlagkraft quer über das gesamte Staatsgebiet sichern wollte. Sich nach außen als Friedensstaat darstellend, schuf sich die DDR eine unterirdische Infrastruktur, die auf Krieg abzielte. Nahe der innerdeutschen Grenze waren diese Anlagen teilweise bis unter die Decke mit Waffen vollgepackt.

Vorige Doppelseite: Die Drucktüren zum Bunker waren atombombensicher

Neben Bunkern für militärische Einheiten und Ausrüstungsgegenstände entstand für die Führung des Staates der »Komplex 5000«. Zu ihm zählte das Objekt 5001, in das sich Honecker mit seinen engsten Vertrauten geflüchtet hätte. Von hier aus hätte die Spitze der DDR ihre Entscheidungen getroffen.

Im Honecker-Bunker hätten rund 350 Personen einen Atomkrieg bis zu 14 Tage überleben können. Er gilt als das sicherste Schutzbauwerk in der DDR. Während für die Bevölkerung im Kriegsfall gar keine Schutzräume zur Verfügung standen und die meisten militärischen Bunker nur unzureichenden Schutz gegen einen Nuklearschlag geboten hätten, war hier an modernster Sicherheitstechnik nicht gespart worden. Das dreietagige Bauwerk war im Innern mit mehreren schwingbaren Containern ausgestattet, und die einzelnen Funktionsabschnitte waren durch riesige Dämpfer verspannt. Dies sollte sicherstellen, dass eine durch die Explosion einer Atombombe ausgelöste Druckwelle abgefangen worden wäre. Mehrere riesige Notstromgeneratoren sowie eigene Tiefbrunnen gewährleisteten eine autarke Versorgung.

Kriegsvorsorge für die Staatsspitze

Als 1989 das Volk seine Führung verjagte und die Sicherheitssysteme der SED in sich zusammenbrachen, hatte das Objekt 5001 ausgedient – glücklicherweise ohne dass es je zum Einsatz gekommen wäre. Nach der deutschen Wiedervereinigung bezog die Bundeswehr für einige Jahre den unterirdischen Komplex. Doch eine sinnvolle Weiterverwendung fand sich nicht. So ließ man die Zugänge zum Bunker kurzerhand zubetonieren. Fast schien es, als wolle man das Zeugnis der Allmacht des DDR-Regimes vergessen machen.

Doch der Verschluss hielt nur einige wenige Jahre. Moderne Schatzräuber fanden sich ein und schufen neue Zugänge zu dem unterirdischen Reich. Es dauerte nicht lange, und die bis dahin perfekt für die Nachwelt konservierte Zeitkapsel erlitt enorme Schäden. Technische Einbauten und eingelagertes Inventar verschwanden in dunkle, nicht mehr nachzuverfolgende Kanäle. 2008 geriet die Anlage dann in den Blick der Öffentlichkeit: Im Rahmen von Führungen konnte das Bauwerk besichtigt werden. Mehrere Tausend Neugierige kamen und blickten in fast alle Ecken des riesigen Ungetüms aus Beton. Sie sahen die geplünderte Küche, den imposanten Lagesaal für die Mitglieder des Nationalen Verteidigungsrates, die Unterkunft des Staatsratsvorsitzenden Erich Honecker und die weiteren Quartiere, ein Fotostudio sowie die technischen Funktionsräume, die ein Überleben aller Bunkerinsassen sicherstellen sollten. Doch nach wenigen Monaten wurden die Führungen wieder eingestellt und der Bunker abermals verschlossen.

Auch für das leibliche Wohl war gesorgt

Seither rottet der Bau, versteckt im märkischen Sand, vor sich hin. Von Jahr zu Jahr verschlechtert sich der Zustand der einst hypermodernen Anlage. Währenddessen wird debattiert, ob der Honecker-Bunker nicht als ein besonderes Zeugnis der Zeitgeschichte unbefristet der Öffentlichkeit zugänglich gemacht werden sollte. Schließlich gibt es nicht mehr viele Relikte, die uns vor Augen führen, wie unsicher der Frieden in Deutschland und Europa zur Zeit des Kalten Kriegs war. Und wie besorgt die DDR-Führung um ihr eigenes Wohl war. *MK*